RIVER

WALK

ERINNERUNG AN EINE ZEIT,
IN DER NIE DER GEDANKE AUFKAM,
EIN FREMDER ZU SEIN
ODER SICH SO ZU FÜHLEN.

Als Bettler sind wir nicht gekommen,
aus unserem deutschen Vaterland.
Wir hatten manches mitgenommen,
was hier noch fremd und unbekannt.

Und als man schuf aus dichten Wäldern,
aus öder düstrer Wüstenei,
den Kranz von reichen Feldern,
da waren Deutsche auch dabei.

Verfasser unbekannt

Eberhard Traum

RIVER WALK

EIN JAHR UNTER DEM „STETSON"

MIX
Papier aus verantwortungsvollen Quellen
Paper from responsible sources
FSC® C105338

Titelbild: Eberhard Traum

Bibliographische Information
der Deutschen Bibliothek

Die Deutsche Bibliothek verzeichnet diese Publikation in
der Deutschen Nationalbibliografie,
detaillierte bibliografische Daten sind im Internet über
http://dnb.ddb.de abrufbar.

ISBN
9783754308288

Herstellung und Verlag
BoD – Books on Demand, Norderstedt

*Legendäres ALAMO
bei Nacht beleuchtet*

Das Jahr 1977

In den Erzählungen aus Texas werden Erlebnisse mit Menschen geschildert, die ihre europäischen Wurzeln pflegen. Manche werden sie nicht einmal finden. Sie wissen nur, dass sie existieren.

Dies war der Grund, sich neugierig mit den Menschen, einem Seitentrieb dieser Wurzeln, zu beschäftigen. Man nennt sie liebevoll „Rednecks".

Eine Reminiszenz an meine Freunde in Texas, speziell in San Antonio, sowie alle anderen Menschen in den durchreisten Staaten der USA.

Ich bin dankbar, dass sie mich stets als einen Menschen behandelten, und mir große Freundschaft entgegen brachten.

Wer den eigentlichen Menschen nicht kennen lernt, der Amerika ausmacht, hat nie im Leben erfahren wie es ist, sich neidlos für andere zu freuen, sie zu bewundern und zu akzeptieren.

Nicht nur deshalb empfinde ich es als eine große Freude, ein Jahr mit den „Rednecks" verbracht zu haben.

Widmung

Neben den Personen, denen ich einzelne Kapitel widme, gibt es noch vier Stellen, an die ich besonderen Dank richte:

SHARON S., eine Freundin aus San Antonio – die mir mit ihrer Familie in Problemsituationen immer zur Seite stand, wenn Hilfe gebraucht wurde. Wie ein Fels in der Brandung.

L.K. TRAVIS & ASSOCIATES, das Büropersonal, das mir die Feinheiten der lokalen Architektur vermittelte und sich so um mich bemühte, dass ich mir nie als Fremder vorkam.

BEETHOVEN HOME, der Club, in dem ich nicht nur im Chor mitsingen durfte, sondern auch deutsches Liedgut kennen lernte, von dem ich vorher nie hörte. Dieser Deutsche Club und seine Mitglieder brachten mich nicht nur einmal zum Staunen.

KITY 92 – der regionale Radiosender, der mit seinen Reportagen erheiterte und die neuesten Nachrichten übermittelte.
Zum Beispiel: „.... es heute Morgen in Downtown schon so heiß war, dass Pete Gonzales Spiegeleier auf seinem Autodach braten konnte!"
Dadurch, und durch die immer wiederkehrenden Werbeblöcke, war es möglich, mein Englisch enorm zu verbessern.

Erlebnisse aus dem Land der
Pecan-Nuss, der Bluebonnet
und des Mockingbird.
Eine Reise zu den Menschen zwischen
Padre Island und Big Bend.

Meine Adresse in San Antonio -
„Lincoln Apartments"

Kapitel – Übersicht

PROLOG

Manchmal trägt man sich im Leben für lange Zeit mit dem Gedanken, etwas zu unternehmen, was gänzlich aus dem Rahmen fällt. Den Schritt letztlich auch zu tun, ist oft sehr schwer. Oder es sind andere Lebensumstände, die eine Verwirklichung verhindern. „Später mal", ist der Trost der Unentschlossenen.

Aber es gibt Zufälle im Leben, die eine Entscheidung abnehmen und Unentschlossenheit erst gar nicht zulassen. Da ich ein großer Verfechter der Theorie bin, dass es keine Zufälle gibt, ergab ich mich dem Schicksal und akzeptierte es insgeheim.

Der Wunsch, andere Menschen und deren Kultur einfach persönlich kennen zu lernen, wurde übermächtig. Ein bisschen half dabei auch der Wunsch, einem Indianer oder Cowboy über den Weg zu laufen, mit denen man sich zur Faschingszeit als Junge identifizierte.

Ich hatte umgehend damit begonnen, mich mit dem Thema zu beschäftigen.

Und das Gefühl, dass die Menschen hinter dem großen Teich irgendwie mit mir verwandt sein könnten, bestand schon seit der Schulzeit, als ich über die Geschichte der Auswanderer etwas erfuhr.

Also wollte ich meine „Verwandten" unbedingt auch mal zu Gesicht bekommen.

Als die Sache mit Amerika konkret wurde, besorgte ich mir die neuesten Informationen, um mich schlau zu machen, bevor ich den Sprung über den großen Teich wagte. Ich wollte ein wenig von dem verstehen, was über den Amerikaner und über das Land im Allgemeinen erzählt wird.

Bei vielen Diskussionen fehlten einfach persönliche Vergleiche und Erfahrungen. Und nachplappern ist so einfach.

Eigene Erfahrungen zu sammeln, das war mein drängender Wunsch. Informationen aus der zweiten Reihe ausgesetzt zu sein, machte es sehr schwer, Objektivität zu entwickeln. Ich wollte es also genau wissen und startete das Abenteuer USA. Ich freute mich auf die kommende Zeit unter den Menschen, von denen ich so herzlich wenig wusste. Nichts von ihren Gefühlen, ihren Ängsten, ihren Zielen.

Dass die Vereinigten Staaten von Nordamerika etwa 2% kleiner sind als Europa, hat mich mehr als überrascht. Der Schrecken des Überdimensionalen verlor sich, da ich bereits weite Reisen nach Nordschweden und in den spanischen Süden unternommen hatte.

Die einzelnen US-Bundesstaaten stellte ich mir so vor, wie die verschiedenen Länder Europas.

Es gab also einen Reisekontinent, nicht ein Reiseland.

Das touristische Angebot, gleich welcher Art, wird durch die natürlichen Schönheiten und Sehenswürdigkeiten belegt. Manche Staaten sind damit überreich ausgestattet.

Allerdings fehlen die geschichtlichen und kulturellen Entwicklungen. Wenige US-Staaten können auf „Altertümer" verweisen, und wenn, handelt es sich um solche aus Europa, in Museen ausgestellt. Daneben ist auch die indianische Kultur zu nennen.

Dafür wird das moderne, „spezifisch Amerikanische", in den Vordergrund gerückt, um so das fehlende Alte wett zu machen.

Natürlich sagt es noch wenig über die Menschen aus. Aber genau das war ja mein Anliegen, Erfahrungen in dieser Richtung zu sammeln. Losgelöst von Politik und Wirtschaft.

Ich freute mich auf eine wunderbare Zeit, die ich in der „Neuen Welt" verbringen durfte. Spannung erfüllte mich, als ich endlich den Flieger bestieg, der mich über den großen Teich bringen sollte.

Der typische Amerikaner ?

Gibt es ihn überhaupt? Hat er eine eindeutige Identifikation? Tun wir nicht vielen Unrecht, wenn wir alle und jeden mit dem Attribut „Typisch Ami" versehen?

Da werden zum Beispiel die Menschen in Florida mit denen aus Idaho in einen Topf geworfen und haben vielleicht so wenig oder so viel gemeinsam, wie die Portugiesen mit den Dänen.

Die Staaten haben zwar eine Amtssprache und eine gemeinsame Währung, aber viele unterschiedliche Religionen und Kulturen.
Allen gemeinsam ist die Mentalität. Ihr Herz schlägt für die Gemeinschaft in Freiheit, die sie sich in über 200 Jahren erkämpft haben.
Das ist legitim, beweist den Zusammenhalt und zeigt das Bewusstsein, sich als Teil der Nation zu fühlen, für die es sich einzusetzen lohnt.
Für das Ideal der Freiheit, die erhalten werden muss und für die man sich gegen jeden zur Wehr zu setzen gewillt ist, der diese Errungenschaft nicht gönnt oder zerstören will.
Da lohnt es zu kämpfen. Und der Kampf zwischen „Schwarz und Weiß" scheint, zumindest in den Augen der meisten Amerikaner, überwunden. Im Inneren gibt es zweifellos auch Dinge, die sich nicht als das Gelbe vom Ei bezeichnen lassen.

Schlussendlich ist jedoch die Freiheit jedes Einzelnen das Ziel.
Deshalb ist es im Land der „unbegrenzten" Möglichkeiten Brauch, dem Schwächeren zu helfen. Gerade dann, wenn es um Recht und Freiheit geht.

Auch wenn einige das vielleicht anders sehen, ist dieses Verhalten sehr ausgeprägt.

Insofern haben die „Amerikaner" eine nicht leichte Aufgabe, da sie sich in irgendeiner Weise mit denen in der Welt verbunden fühlen, die ihre Hilfe brauchen.

Und wenn es auch nur das Gefühl für Traditionen ist, deren Verbindung in der Vergangenheit ihre Wurzeln hat.

Die Ahnung, dass es Menschen gibt, die vielleicht in ihrem Stammbaum einen Platz haben, lässt manchen Amerikaner nicht ruhen.

So trieb es vielen Soldaten, die im ersten oder zweiten Weltkrieg nach Deutschland kamen und sich aufmachten, den Platz ihrer Wurzeln zu finden, nicht selten Tränen in die Augen, als sie eine mögliche Stelle entdeckten und zerstört vorfanden. Dass sie daran beteiligt waren, machte die Sache nicht einfacher.

Vieles habe ich während meiner Zeit in Texas kennen gelernt, was diese These belegt. So machte ich mir Gedanken darüber, wie eigentlich der typische Amerikaner aussehen mag.

Der Trapper von damals lässt sich schlecht mit dem Yuppy heutiger Tage vergleichen.

Typisch ist da gar nichts, nur die Einstellung, alles und immer irgendwie zu schaffen, ob allein oder gemeinsam. Das ist die Verbindung, die alle als typisch auszeichnet.

„Let's find out, how we can make it", war eine Formel, die faszinierte.

In meiner Heimat postierten sich in solchen Fällen die Bedenkenträger mit den Worten: „Das wird doch nichts!"

Irgendwie fühlte und fühle ich mich der Gruppe der Amerikaner zugehörig, die einfach die Ärmel hochkrempeln und handeln, statt zu diskutieren. Dass dies bei uns so wenig ausgeprägt ist, ärgert mich gewaltig.
Wir sind Meister darin geworden, alles tot zu quatschen und Ideen zu verhindern.
Dabei verbindet man mit den Deutschen doch Attribute wie Pünktlichkeit, Zuverlässigkeit und ein hohes Maß an Können.
Und wie lange brauchen wir in Europa, ebenfalls einen gemeinsamen Nenner zu finden, ohne die Wurzeln einerseits vergessen zu müssen und uns andererseits gegenseitig zu akzeptieren?
Ich möchte allen Menschen, die ich in den USA getroffen habe, und mit denen ich Zeit verbringen durfte, großen Respekt entgegenbringen.
Ich möchte meine gesamte Reise etwas chronologisch gestalten. Also beginne ich auch damit, den Tag zu schildern, an dem ich mich auf den Weg in das Land der unbegrenzten Möglichkeiten begab.
Es war an einem 16. November. Wie von einem solchen Datum nicht anders zu erwarten, standen der Regenschirm, die Regenjacke und die Gummistiefel in griffbereiter Nähe.

Der erste Glühwein wärmte meine Hände, und ich stand so nah wie möglich an der Heizung. Draußen am Küchenfenster hatten die Regentropfen ihre Olympiade, in der Disziplin 95 cm Fenster-abwärts-rutschen, gestartet. Ganz oben begann ein kleiner Tropfen seinen Weg nach unten.

Er umlief Hindernisse, traf auf einen wartenden Tropfen und zog ihn mit. Bis schließlich mehrere zusammen waren, immer schneller wurden und alles mit sich rissen.

Ich ertappte mich dabei, dass ich insgeheim Wetten abschloss, ob die Mannschaft links, der Einzelne rechts oder der in der Mitte das Rennen macht. Aber ein Spätstarter, ganz außen, verdarb mir die Wette. Mein Glühwein war darüber ganz kalt geworden. Plötzlich klingelte das Telefon.

***

„Eberhard..., hör mal. Ich habe etwas ganz Verrücktes für dich.

Und da du gerade Zeit hast und dich erst im Frühjahr neuen Aufgaben stellst ..."

„Gerd, was hast du? Mach es nicht so spannend."

„Ich hätte gern, dass du für ein paar Monate, so zwei oder drei, nach San Antonio in Texas gehst und für uns an einem Projekt arbeitest.

ÜBER DEN GROSSEN TEICH
... zur kleinen Prinzessin

Dem eigentlichen Initiator meiner Reise, Dirk G., ist die folgende Story gewidmet. Er selbst vollzog später meine Reise in etwas abgeänderter Form und mit einem anderen Hintergrund.
Aber er kam ebenfalls mit ähnlichen Eindrücken, und vielen neuen Freundschaften im Gepäck, zurück nach Deutschland.

Von Gerd war ich solche Hau-Ruck-Aktionen gewohnt. Ich wunderte mich überhaupt nicht darüber.

„Du hast also wieder Arbeit angenommen und weißt nicht, wie du sie bewältigen sollst. Außerdem spricht keiner von euch, so wie ich auch, ein Wort Englisch. Jedenfalls nicht genug, um ein Projekt anzugehen", sagte ich.

„Komm, ich habe jemandem einen Gefallen tun müssen. Außerdem sprechen die Auftraggeber Deutsch – jedenfalls ganz gut!"

„Wann soll das denn stattfinden?"

Ich war schon wieder dabei, mich breitschlagen zu lassen.

„Du musst am 8. Dezember in San Antonio sein. Dein Flug nach New York geht am 1. Dezember um 13 Uhr ab Brüssel."

„Was, schon? Und wieso ab Brüssel?"

„Es war kein anderer Flug mehr zu bekommen. Ich bring dich mit dem Auto hin. Ich bin begeistert, dass du zusagst. Ich kläre alles andere direkt mit den Auftraggebern!"

„Ja, aber, ... Geeeerd!"

Ein Appartement stünde für mich auch schon bereit, fügte er noch schnell hinzu. Das war genau seine Art. Er hatte den Hörer schon wieder aufgelegt. Meinen Glühwein musste ich in den Topf zurück schütten und neu erwärmen. Da sitzt der beste Freund der Welt in seinem verträumten Weilmünster, eingebettet zwischen Taunushügeln, und macht das, was er mit mir seit den Sandkastentagen machte.

Er verspricht anderen, etwas Schönes zu bauen und sucht dann jemanden, der es für ihn ausführt. Und meistens hatte er Glück damit. „Eberhard, mach' doch mal!"

So war es auch diesmal. Ich habe mich seinen Ideen nie verweigern können, schon im Sandkasten nicht. Zugegeben, meist war es interessant und auch spannend, Langeweile kam nie auf. Eigentlich machte ich im eigenen Interesse bereitwillig mit.

Ich hatte mich sofort mit Texas beschäftigt. Die Überlegung, für die kommende Winterzeit mit besserem Wetter konfrontiert zu werden, überzeugte mich. Ich konnte also mal wieder nicht nein sagen.

Auf der Fahrt nach Brüssel stellte sich dann noch heraus, dass die Leute in San Antonio doch kein Deutsch können. Gerd schrieb mir noch einen kleinen Handzettel mit wichtigen Dingen.

Eine Randnotiz gab die Erklärung: ... der eine, der konnte, hatte das Büro verlassen. Der, der kommen sollte, ist schwer erkrankt. Na prima! Soviel zu den Deutschkenntnissen der Kollegen in Texas.

Der Flug war ruhig und interessant, war ich doch noch nie über Grönland und die kanadische Winterlandschaft geflogen. Es erinnerte mich alles ein bisschen an meinen Marmorboden im Flur meiner Wohnung.

Als ich in New York aus der Maschine kletterte, glaubte ich, dass das alles ein großes Missverständnis wäre und ich in wenigen Minuten den Rückflug anzutreten hätte.

Dass in den USA alles viel größer sein würde, als bei uns im beschaulichen Hessenland, war mir klar; aber was ich jetzt vor Augen hatte, sprengte trotzdem meine Vorstellungen.

Ich freute mich über die Temperaturanzeige, die über mir an einer Wand hing. Sie zeigte stattliche plus 20°. Leider war es nicht warm, sondern kalt und nicht Celsius, sondern Fahrenheit. Es war umgerechnet minus 8°, wenn ich es in Celsius ausdrücke.

Mir war nicht einmal aufgefallen, dass die Leute, die von draußen in die Halle kamen, dicke Jacken und Mäntel trugen. Ich war auf Sonne und Wärme eingestellt, und nun das.

Ich musste mich erst einmal beruhigen und stellte fest, dass mein mitgeführter Reiseführer es deutlich zeigte, und jetzt noch eine gewaltige Entfernung, andere Breitengrade und Zeitzonen vor mir lagen. Alles viel weiter südlich. Toll.

Mir wurde auch gleich etwas wärmer.

Gespannt verließ ich die Flughalle des John F. Kennedy Airports, denn das nächste Taxi sollte mich in die Stadt bringen. Ich kramte nach der Privatadresse in der 88. Strasse, wo ich für ein paar Tage unterkommen konnte, um „Big Apple", wie New York genannt wird, etwas kennen zu lernen.

Aber sollte ich das wirklich bei den Temperaturen? Wenn ich mich aber erst einmal umgezogen habe, würde das schon gehen, war ich überzeugt.

Als ich die ersten Strassen im Land der unbegrenzten Möglichkeiten durchstreifte, hatte ich plötzlich das Gefühl, Zuhause zu sein.

Eigenartig, es hatte mit dem Geruch zu tun, der mich allerorts umgab. Plötzlich fiel mir dann auch ein, was es war. Backwaren und Gebratenes, kleine Kuchen, Kekse und vieles mehr.

Sofort kam die Erinnerung an Oberursel, einer Kleinstadt im Taunus, in der ich nicht weit der US-Kaserne „Camp King" aufwuchs.

Dort wurde Jahr für Jahr ein Tag der offenen Tür veranstaltet.

Es war für die Jungs aus meiner Klasse und für mich in den ersten Jahren immer ein Erlebnis, wenn man alles ansehen und auch anfassen konnte, außerdem überall freundliche und hilfsbereite Soldaten alles erklärten und uns zu Testfahrten mitnahmen. Das wollten alle, es war das Größte.

Dann die großen Zelte, in denen es immer etwas zu essen gab – und ... Coca Cola!

Dort umgab einen also der Geruch, der mir jetzt das Gefühl vermittelte, Zuhause zu sein. Toll, so weit entfernt und doch so vertraut nah.

Eigentümlich, zu spüren, dass zwischen Heimat und Fremde ein so geringer Unterschied bestand. Außer der Sprache, die sich als Barriere aufbaute. Und diese wollte ich so rasch wie möglich überwinden. Um verstanden zu werden, musste ich erst einmal selbst verstehen. Es kann doch nur ein kleiner Sprung sein, war meine feste Überzeugung.

Nun stand ich also in New York, mit dem bekannten Geruch in der Nase, der um die Blocks strich und mir gewaltigen Hunger machte.

Ich sah das Wort „Steak" groß und breit auf ein Schaufenster gemalt. Es war nicht so viel los in dem Laden, aber ich wollte ja auch nur eine Kleinigkeit essen.

Zu meiner Überraschung stellte ich fest, dass ich nur auf Bilder zeigen brauchte, um etwas zu bestellen.

Für Leute mit fehlenden Sprachkenntnissen sehr hilfreich. Ich wusste also, was auf mich zukam. Schnell entschied ich mich für ein Steak mit Folienkartoffel. Hoffentlich ist das Fleisch gut durch, denn ich mochte es nicht blutig. Ein Gräuel für mich und das Gefühl, wie ein Vampir ins Fleisch zu beißen.

Die wenigen Gäste im Restaurant behielten ihre Garderobe an, da es auch drin nicht besonders warm war. Außerdem dauerte es nicht sehr lange, bis das Essen serviert wurde. Da lohnte sich das Ablegen der Kleidung kaum. Es störte auch niemanden, wenn jemand im Mantel vor seinem Teller saß.

Und bequem war es allemal, denn die Sitzbank war gut gepolstert, wie auch die Rückenlehne.

Auf allen Tischen standen riesige Flaschen Ketchup mit verschiedenen Geschmacksrichtungen. Mein erstes Essen wurde zu einem einschneidenden Erlebnis, und einer wichtigen Erfahrung.

Mein Steak stand unversehens auf dem Tisch – auch ein Glas Wasser, das ich überhaupt nicht bestellt hatte und in dem ich vergeblich nach Kohlensäurebläschen suchte. Da aber mein bestelltes Bier ebenfalls kam, ließ ich das Wasser stehen.

Ich wusste, dass man das Fleisch in Amerika mit reichlich Ketchup garniert, also wollte ich das auch tun. Nicht, weil man das so machte, sondern ich mag Ketchup. Ich nahm die Flasche in die Hand und schüttelte, im Stile eines Barmixers – allerdings mit sichtbarem Misserfolg.

Der Deckel der Flasche, in reichlich Ketchup gehüllt, flog geradewegs an meinem Kopf vorbei. Als ich mich umdrehte, erschrak ich. Die rote Masse landete direkt auf dem Mantel einer älteren Dame, die hinter mir saß. Sie sah aus, als hätte sie die Masern. Ich musste einen ziemlich roten Kopf gehabt haben.

Ein bisschen Wut, wegen meiner Ferkelei, glaubte ich auch zu erkennen. Sie war mit ihrem Essen gerade fertig.

Ich brachte eine Entschuldigung nur in Deutsch heraus, und das ziemlich holprig. Ich war noch nicht ganz fertig, da hatte der Ober bereits begonnen, die Umgebung von roten Flecken, in den unterschiedlichsten Durchmessern, zu säubern. Wortlos und ohne eine Gefühlsregung. Er trug eine Mütze, sogar im Lokal. Wahrscheinlich passierte so etwas mit Touristen öfters und er hatte Angst, weil ..., wer hat schon gern Ketchup im Haar! Die alte Dame tupfte vorsichtig über ihr Gesicht.

Es ging alles so rasch. Ich hatte die Flasche noch immer in der Hand, und mit den Augen war ich auf der Suche nach dem Deckel.

Die Dame zog ihren Mantel aus, legte ihn über den Arm, stellte ihre zwei prallgefüllten Plastiktaschen neben mich auf die Sitzbank und gab mir zu verstehen, dass ich mein Steak essen solle.

Dann war sie aus dem Lokal verschwunden.

Ich hatte solch einen Kloß im Hals, dass ich gar nicht hätte essen können.

Auch mit dem Gleitmittel Ketchup nicht. Der Hals war einfach zu. Ich wusste überhaupt nicht, woran ich war.

Volle Tüten neben mir und die Besitzerin weg. Ich rechnete noch mit einem fürchterlichen Donnerwetter, aber nun war die Stille um mich herum viel bedrückender.

Der Angestellte, der gerade noch den Tisch und die Umgebung säuberte, verdrehte ständig die Augen hinter seiner Theke und schüttelte den Kopf.

Mir gingen so blödsinnige Dinge durch den Kopf wie, dass sie mich wegen Sachbeschädigung des Landes verweisen, einsperren wegen groben Unfugs oder Verletzung einer US-Bürgerin. Mir war hundeelend.

Es würgte mich bei dem Gedanken an Essen. Ich hob mein Glas Bier an und führte es zum Mund, da legte sich eine Hand auf meine Schulter.

Ich erschrak wieder und verschüttete etwas Bier auf meine Hose. Mein Gott, schoss es mir durch den Kopf, mein US-Aufenthalt fängt ja gut an.

Inzwischen weiß ich, dass sich solch ein Missgeschick „Murphys Law" nennt – wenn etwas schief geht, dann richtig – und immer alles auf einmal, so lautet die Regel.

Die Hand auf meiner Schulter gehörte der alten Dame, die erst vor wenigen Minuten mit ihrem Mantel verschwunden war. Nun stand sie ohne Mantel da und setzte sich zu mir an den Tisch.

Mit Händen und Füßen unterhielten wir uns.

Ich konnte ohne eine Blockade im Hals mein Steak zu Ende essen, auch wenn es etwas kalt geworden war.

Danach lud sie mich zu einem Kaffee ein. Ich hätte ja gerne erfahren, was sie mit ihrem Mantel gemacht hatte oder ob sie mir böse wäre, aber die Sprachkenntnisse ...

Dass sie auf mich böse war, das konnte ich mir gar nicht mehr vorstellen, so wie sie sich verhielt. Sie war richtig fröhlich und konfrontierte mich mit Bildern ihrer Familie.

Ich erfuhr, dass sie bereits glückliche Oma von drei Enkelkindern war. Der Stolz in ihren Augen ließ mich alle Peinlichkeiten vergessen.

Aus ihr sprudelte es nur so heraus.

Freudestrahlend verkündete sie, dass sie selbst eine Oma in Deutschland hatte, mit Namen Anita Gabler.

Ein paar Brocken könne sie auch noch in Deutsch, die ihre Oma Anita ihr hinterließ. Sie stellte dies umgehend unter Beweis: „Alles klar, kleine Prinzessin?"

Sie blickte mich an, als ob sie fragen wollte: War alles richtig? Irgendwie war ich überzeugt, dass ihre Oma schon damals gar nicht so falsch gelegen hatte mit der Prinzessin. Zart, vornehm und sehr elegant war sie.

Und der Vorfall mit dem Ketchup konnte sie überhaupt nicht aus der Fassung bringen. Ein adeliges Verhalten und einer Prinzessin würdig.

Mein peinlicher Vorfall von vorhin mutierte zu einer Nebensächlichkeit ersten Ranges. Die alte Dame beeinflusste nachhaltig mein Bild über die Amerikaner.

Die erste Begegnung mit einem Fremden ist von ausschlaggebender Bedeutung. Jeder sollte daran denken, wo immer er auf einen Fremden trifft, dass diese Begegnung die Weichen stellt für gegenseitiges Verstehen, und es weiteres Verhalten beeinflusst.

Ich dachte daran, dass ich meine „Verwandten" in den USA kennen lernen wollte und musste feststellen, dass die alte Dame wohl ähnliche Gedanken hegte, denn sie behandelte mich wie den lange vermissten Enkel, den Verwandten aus Europa.

Ich empfand tiefe Bewunderung für sie. Sie war eine reizende Person.

Das Thema „Ferkelei mit der Ketchupflasche" verlor seine ganze Daseinsberechtigung.

Es war bestimmt eine volle Stunde vergangen, in der ich nicht einmal das Gefühl hatte, aufbrechen zu wollen. Plötzlich betrat eine junge Frau das Lokal. Sie hatte den Mantel der alten Dame über dem Arm. Augenblicklich kehrten wieder der Schreck und die Angst zurück.

Das vergangene Missgeschick verlangte wieder meine volle Aufmerksamkeit. Jetzt kommt die Rechnung, war ich sicher.

Die junge Frau half der alten Dame in den Mantel, der, vollständig gereinigt, seinen Dienst wieder antreten konnte.

Bepackt mit ihren Plastikbeuteln, verabschiedete sich die „Prinzessin" lächelnd mit den Worten: „Good luck, my dear!"

Weg war sie. Ich wusste nicht mal ihren Namen. Bedankt hatte ich mich auch nicht. Erst war ich darüber sehr traurig, aber im Rückblick glaube ich, dass sie es so wollte.

Als ich einen Moment darüber nachdachte und die Situation noch einmal an mir vorbeiziehen ließ, wurde mir plötzlich klar, dass ich in Deutschland vermutlich damit beschäftigt gewesen wäre, meine Haftpflichtversicherung zu nennen. Hier lernte ich eine reizende „Prinzessin" kennen.

Nachdem ich das Lokal verlassen hatte, kam ich nach ein paar Schritten an einer Reinigung vorbei und erkannte die junge Frau hinter der Scheibe. Sie lächelte und grüßte freundlich. Hätte ich doch bloß genug Englisch gekonnt – ich hätte so gern mit ihr ein paar Worte gewechselt.

Ich ging weiter auf meinem Weg Richtung 88. Straße. Gerade überquerte ich die 77. East, als mich ein Mann in Eile kräftig anrempelte und fast umrannte. Wütend, ob der Unachtsamkeit, drehte ich mich um und ... „Sorry Sir", kam es mir entgegen. Also lächelte ich einfach ... – und schämte mich fast, weil ich beinahe gewohnheitsmäßig ... – vergiss es, sagte ich mir schnell.

***

Die erste Nacht war gut überstanden, und der große Zeitunterschied verkraftet. Die nächsten Tage, die ich bei meinem Bekannten verbrachte, waren ziemlich stressig.

Diese vier Tage hatten nicht ausgereicht, um der Stadt New York, oder „Big Apple", auch nur die Schale anzukratzen. Trotzdem waren es wunderbare und erlebnisreiche Tage, und ich war ganz sicher, dass ich ein weiteres Mal nach dort gehen würde. Vielleicht könnte ich durch Zufall auch die alte Lady wieder treffen, um sie zu fragen: „Alles klar, kleine Prinzessin?"

NEW YORK – DAYTON
Mit dem AMTRAK unterwegs

Die folgende Story widme ich Allan A., weil er ein so großer Brezel-Freak war. Sushi bezeichnete er als eingewickelte Krankheitskeime. Allen war japanischer Abstammung. Sein Vater war Kriegsgefangener nach dem zweiten Weltkrieg und daran beteiligt, in San Antonio den River anzulegen.

Eine künstliche Wasserstrasse durch die Innenstadt, an deren beiden Ufern es international zugeht und so viel geboten wird.

Von der Freilichtbühne bis hin zu den nächtlichen Festumzügen auf dem River. Das alljährliche Oktoberfest sollte man sich nicht entgehen lassen.

Auf den beleuchteten Booten sind Bands unterwegs, die Countrymusic auf höchstem Niveau bieten. Kultur zum dahinschmelzen – und das fast jedes Wochenende im Sommer.

*F*reunde rieten mir, die lange Strecke von New York nach Texas nicht allein mit dem Flugzeug zu bewältigen. Der AMTRAK, ein Zug der National Railroad, der strahlenförmig die entlegensten Städte der USA erreicht, sei ein komfortables Verkehrsmittel.

Aber auch der Greyhound, ein Langstreckenbus, sei sehr empfehlenswert.

Ich löste also eine Fahrkarte für den AMTRAK, von New York nach Dayton/Ohio.

Ich wollte dort Leute besuchen, die mit Freunden aus Deutschland in Kontakt sind.

Mit der Fahrkarte in der Tasche bin ich noch etwas durch New York geschlendert, und fuhr auf die Spitze des Empire State Building.

Von ganz oben bekam ich erst einen Eindruck davon, wie groß der Central Park wirklich ist.

Kein Wunder, dass ich tags zuvor für die Querung so lange brauchte und das Gefühl bekam, mich verlaufen zu haben.

Und da ich nun mal gut zu Fuß bin, beschloss ich, noch die Südspitze von Manhattan zu besuchen. Ziel waren die beiden langen Stangen des World Trade Center und die Freiheitsstatue. Die paar Straßenzüge kann ich im Schnellgang erledigen, dachte ich. Welch ein Irrtum.

Als ich mich mit dem Bauch ganz dicht an einen der Türme des WTC presste und entlang der Fassade nach oben blickte, hatte es mich fast nach hinten umgehauen. Mir wurde schwindelig.

Der Turm krümmte sich förmlich über mir und drohte auf mich zu stürzen.

Noch ganz wackelig in den Beinen, ging ich zum Anlegesteg der Boote, die eine Menge Leute zur Statue übersetzten.

Wieder musste ich im Eilschritt meine Besichtigung durchführen, denn ich verschätzte mich total in der Zeit.

Ich fühlte, wie es sein musste, wenn sich die Amerikaner „Europa in zehn Tagen" antun und dabei nur in Eile sind.

Die engen Stahlwendeltreppen, bis in die Krone der Statue, waren anstrengend. Dort oben stellte ich fest, von ganz oben nach ganz unten zu sehen ist nur halb so „umwerfend" wie die Erfahrung am WTC, als ich von unten nach oben blickte.

Die Sicht auf den Hudson und Manhattan, durch die Fenster in der Krone, entschädigte für alle Schmerzen in den Beinen.

Fast erholt und einigermaßen schmerzfrei, musste ich die enge Treppe wieder nach unten nehmen. Ein bisschen Feeling wie der Abstieg durch einen „Kamin" in den Alpen.

Rechtzeitig war ich wieder zurück im Bahnhof, denn der AMTRAK würde sicher nicht extra auf mich warten. Der New Yorker Bahnhof, eine Mischung aus Museum, Opernhalle und Großraum mit kathedralem Charakter, machte mich etwas unsicher. Ich dachte, ich wäre irgendwie falsch. Nichts erinnerte an einen Bahnhof, keine Gleise, einfach nichts was Bahnhöfe gewöhnlich auszeichnet.

Dafür bot diese riesige Halle eine Unmenge von bequemen Sitzgelegenheiten, in denen die Reisenden geduldig warten konnten, bis sie zu ihrem bereitstehenden Zug gerufen wurden.

Es war dann immer noch genügend Zeit, um in den Untergrund auf den Bahnsteig zu gelangen.

So ein Gedränge wie auf unseren Bahnhöfen gab es nicht an den Gleisen. Ziemlich durchdacht und geregelt, sehr angenehm.

Ich hatte keine große Mühe, meine wenigen Gepäckstücke im Abteil unterzubringen. Meine restlichen Koffer, die ich nicht brauchte, konnte ich bereits, bei der Ankunft am Flughafen, nach San Antonio weiterleiten. So entledigte ich mich der ermüdenden und anstrengenden Plackerei.
Auf meinem Sitz empfing mich ein großes weißes Kissen für das müde Haupt. Aber erst einmal musste ich den Speisewagen aufsuchen. Meinen Fotokoffer, in dem alle Wertsachen untergebracht waren, hängte ich über die Schulter.

Inzwischen hatte der Zug den Untergrund verlassen, während ich auf dem langen Marsch durch die Abteile war. Immer schneller entzog sich die Skyline von „Big Apple" meinem Blick.
Der immer schneller dahinrasende AMTRAK erinnerte ein bisschen an das schaukelnde Boot bei der Überfahrt zur Freiheitsstatue. Hoffentlich kann ich dabei mit Genuss essen, überlegte ich.

Es war bereits 12.45 Uhr und ich hatte Angst, keinen Platz mehr zu bekommen, wo ich doch so von Hunger geplagt wurde.
Der Speisewagen war natürlich am anderen Ende. Immer passiert mir so etwas.

Irgendwie erinnerte mich das an den Kuchen mit den entkernten Kirschen. Die einzige Kirsche mit Kern sucht sich grundsätzlich den Weg auf meine Gabel.

Durstig erreichte ich den Platz meiner Wünsche. Meine Angst, keinen Platz mehr zu bekommen, war angesichts der gähnenden Leere unbegründet. Zufrieden setzte ich mich an einen Tisch. Weiße Tischdecke, darauf ein Kasten mit Salz, Pfeffer, Zahnstochern, Papierservietten und einer Flasche Ketchup. Automatisch blickte ich mich um, ob vielleicht wieder so eine reizende „Prinzessin" hinter mir sitzt.

Ich schaute aus dem Fenster dieses komfortablen Zugs und nippte an meinem Eskimoflip. Das Glas Wasser mit Eis, das dem Gast, ohne es bestellt zu haben, gleich kredenzt wird. Kommt es mal nicht gleich auf den Tisch, glaubt man, man wäre vielleicht nicht erwünscht. Da muss etwas drin sein, denn nach dem ersten Schluck verstärkte sich mein Hunger, der ohnehin schon groß genug war.

Plötzlich drangen Laute an mein Ohr, die mir sagten, dass der Wagen gleich überfüllt sein würde.

Tatsächlich, die Tür ging auf und es ergoss sich eine Traube von Menschen an den einzigen großen Tisch, der für etwa zehn Leute gedacht war.

In deutschen Restaurants heißt so ein Tisch gewöhnlich Stammtisch.

Als die Leute mich in meiner Ecke erblickten – ich nahm instinktiv eine Haltung zwischen Teilnahmslosigkeit und Bitte-nicht-entdeckt-werden ein, wurde es augenblicklich still.

Die Leute grüßten mich zurückhaltend und nahmen am Tisch Platz. Einer nach dem anderen schaute zu mir, und das machte mich etwas unsicher.

Ich sah an mir runter und überlegte, ob etwas an mir sein könnte, was den Leuten die Sprache verschlug.

Ich konnte nichts feststellen und fuhr mir verlegen durch die Haare. Auch prüfendes Überwischen meines Gesichts, mit beiden Händen, brachte nichts. Es musste etwas anderes sein.

Du meine Güte, eigentlich konnte es mir auch egal sein. Mein Hunger wurde stärker und meine Phantasie malte mir ein überdimensionales Steak vor die Augen.

Es waren sechs Personen, die sich da an den Tisch setzten: Vater, Mutter, zwei Söhne, zwei Töchter. Die Kinder, alle so zwischen sieben und zwölf Jahre alt – die arme Mama, dachte ich - trugen in etwa die gleiche Montur, ich dachte an eine Folkloregruppe oder ähnliches. Farblich passte die ganze Familie recht gut zusammen.

Die Mutter und die Töchter trugen Kleider in dunkelblau mit schwarzer Schürze. Die langen Zöpfe der Mädchen waren beeindruckend.
Dazu passten aber die weißen Mützchen mit den herunterhängenden Bändern so gar nicht. Die Jungen und der Vater trugen schwarze Hosen und Westen, darunter ein blaues Hemd. Der Vater hatte einen Rauschebart, aber gepflegt und getrimmt.

Die Mutter und die vier Kinder machten auf mich einen dressierten Eindruck, irgendwie befremdlich. Sie schienen alle der Augensprache des Vaters zu gehorchen.
Ich dachte dabei an die Kinder meiner Schwester. Wenn da Mutter oder Vater mit den Augen Anweisungen geben würden, müssten sie den demonstrativ verwunderten Blicken ausweichen und die energisch gestellte Frage beantworten: „Habt ihr was an den Augen?"

Eine eigenartige Gesellschaft. Irgendwie schien der Vater niemandem zu trauen, denn er stellte seine riesige Reisetasche unter den Tisch zwischen seine Beine.
Keiner sagte etwas, bis der Vater sprach: „Let's pray!" Alle Achtung, dachte ich, noch nichts auf dem Tisch, aber es wurde schon gebetet. Meine Englischkenntnisse waren zu der Zeit noch sehr dürftig, also bekam ich nicht alles mit. Da aber Mimik und Körpersprache vieles erklärt, bekam ich in der nächsten Stunde einiges geboten.

Darüber hatte ich fast meinen eigenen Hunger vergessen.

Inzwischen bekam ich, von einem der zwei sehr netten und aufmerksamen Obern, mein kühles bestelltes Bier. Es wollte sich nicht einen Millimeter Schaumkrone bilden.

Sicherlich hatte das mit der Temperatur zu tun. Mir fror fast die Zungenspitze am Glas fest.

Ohne eine Frage gestellt zu haben, erklärte mir James, einer der beiden Ober, dass am großen Nebentisch eine Amish-Familie Platz genommen hätte. Er sagte das mit einem etwas eigenartigen Unterton in der Stimme, flüsternd und mit einem nachdenklichen Gesichtsausdruck.

Er verdrehte dabei seine Augen dermaßen, dass das Weiße seiner Augäpfel wie ein großer Tischtennisball aussah. Was hatte das zu bedeuten, waren diese Leute doch ganz ruhig und brav am Tisch gesessen.

Der zweite Ober, er hieß David, brachte den Leuten sechs Gläser mit Eis und einen großen Behälter mit Wasser. Obligatorisch! Alle Familienmitglieder bedankten sich höflich lächelnd.

David sah regungslos von oben auf die Kinder herab, wie von einem Turm. Er musste bestimmt zwei Meter groß sein. Er flößte den Kindern Respekt ein, bis er sie dann von ihrem Unbehagen befreite und den Vater fragte: „That's it?"

David verließ den Speisewagen wieder mit verdrehten Augen. Nun kam James auf mich zu und fragte: „Everything allright, Sir?"

Nebenbei sagte er im Flüsterton noch, dass die Familie sicherlich gleich wieder ginge. Aber wohin sollten sie gehen? Vielleicht auch wie ich, bis in den letzten Waggon? Das wäre für mich allerdings ein Grund, im Speisewagen zu bleiben. Ich hatte zwar gar nichts gegen die Familie, aber es war irgendwie unheimlich, so unwirklich.

David kam wieder und erklärte, dass die Familie bis Pittsburgh führe. Und Dayton wäre ja noch viel weiter. Wie auch immer, es war mir eigentlich egal. Sie taten mir ja nichts. Und ich würde wegen der Familie auch nicht den Speisewagen verlassen wollen – wenn David oder James diese Angst gehabt haben sollten.

Einige Sekunden später begann eine ungeheure Geschäftigkeit am Tisch der Amish Familie.

Der Vater holte von unter dem Tisch die große Tasche auf seinen Schoß.

Der Rest der Familie hatte in froher Erwartung artig die Hände auf die Tischkante gelegt. Eine gespenstische Stille beherrschte die Szene.

Der Vater zog bedächtig den Reißverschluss der Tasche auf, und übergab jedem Familienmitglied das mitgebrachte Mittagessen.

Jeder bekam ein riesiges Doppelsandwich, eine Apfeltasche, eine kleine Tafel Schokolade, einen Becher Joghurt und einen Löffel dazu.

Als Krönung stellte er mitten auf den Tisch einen gewaltigen Plastikbeutel mit kleinen Brezeln, wie zu einer Kinderparty. Es waren bestimmt zwei Kilogramm. Wie auf Kommando begann ein unglaublich geschäftiges Geschmatze. Keiner sagte etwas.

Die Kinder blickten, kräftig kauend, abwechselnd Vater und Mutter ehrfurchtsvoll an und schienen sich zu freuen, dass niemand etwas Außergewöhnliches bemängelte. Die vielen Hände schossen abwechselnd, Harpunen gleich, auf den Brezelhaufen zu, griffen einige Brezel und stopften sie überfallartig in den Mund. Das kollektive Knacken der Brezel klang wie eine fremdartige Musik.

Das Schlürfen des Eiswassers entpuppte sich in diesem kulinarischen Tohuwabohu als durchaus angenehmes Nebengeräusch. Es dauerte nicht lange, da war alles ratzeputz verspeist.

Sie packten die Papierreste in einen Beutel, verteilten das restliche Wasser der großen Kanne in die Gläser und tranken aus.

Fröhlich und gestärkt von der üppigen Mahlzeit, verließ die Familie den Speisewagen und zwar so, wie sie vorher gekommen waren - sehr lautstark!

Pittsburgh war nicht mehr weit.

Zurück blieben ein unglaublich verkrümelter Esstisch und der gleichermaßen verkrümelte Fußboden, zwei durchaus konsternierte Ober und ich.

Mit Schaufel und Besen in der Hand, standen David und James kopfschüttelnd vor mir. David sagte mit sonorer Stimme: „I'm 39 years now, but I've never seen it before!"

Diesen Satz hatte ich nie wieder vergessen, aber erst später genau übersetzen können.

Nach einer kleinen Pause fragte James erleichtert: „Everything allright with you?" Sein entwaffnendes Lächeln ließ die Essveranstaltung von vorher verblassen.

Laut und vernehmlich pusteten die beiden Ober die Luft aus den aufgeblasenen Backen, erleichtert, dass dieses "Unwetter" überstanden war.

Sie trugen die Krümel auf ihren Schaufeln, weit von sich gestreckt wie dampfende Asche, aus dem Speisewagen.

**

In Dayton akklimatisierte ich mich in einem gemütlichen Motel. Meine Adresse in Dayton, die ich von Freunden meiner Eltern bekam, um einen Besuch abzustatten und ein paar Tage eine Unterkunft zu haben, entpuppte sich als großer Quatsch.

Ellen, die Tochter der Freunde meiner Eltern, mit der ich aufwuchs, hatte einen Amerikaner geheiratet und lebte schon 15 Jahre in Ohio. Ihr Ehemann war Vertreter und oft unterwegs, so auch, als ich ankam.

Ellen erzählte ihrem Mann am Telefon von meinem Besuch und dass ich über Nacht bleibe.

„Eberhard, das muss ich machen, sonst dreht Ronny durch", erklärte sie mir.

Ronny, Ellens Ehemann, kehrte noch in der Nacht zurück und wollte mich in ein Hotel bringen. Aber den Rest der Nacht verbrachte ich dann doch noch in seinem Haus. Am nächsten Morgen musste ich sofort das Haus verlassen und wurde von ihm in ein Motel gefahren. Seine Eifersucht war nicht unbegründet, denn Ellen war durchaus bereit zu flirten. Dass von mir keine Gefahr ausging, konnte er nicht wissen.

In Ohio wurde es von Tag zu Tag kälter. Die Temperatur lag bei −21°C. Aber das Limit war noch nicht erreicht.

Eigentlich wollte ich ja die Wiege der Fliegerei etwas kennen lernen, denn die Gebrüder Wilbur und Orville Wright bereiteten in Dayton ihre ersten Flugversuche vor.

Aber die Kälte verlangte von mir eine Terminverschiebung. Also verließ ich wenigstens mit einem Fluggerät die Geburtsstätte der Fliegerei.

Am Tage meines Abflugs nach San Antonio zeigte das Thermometer -22°C.

Nach fünf Stunden Flug landete ich in San Antonio.

Der Temperaturunterschied zu Dayton war umwerfend, im wahrsten Sinne des Wortes. Ich bekam weiche Knie. Minus 22°C in Ohio und jetzt plus 21°C in Texas. Dazu diese unglaublich hohe Luftfeuchtigkeit.

Als ich das vollklimatisierte Flughafenterminal verließ, haute es mich im „Backofen" von San Antonio fast aus den Schuhen. Der Zustand von steif und fröstelnd, während meiner Zeit in Ohio, wechselte über zu locker fließend in Texas.

OLD PADDOCKS
Ein paar Kakerlaken und mehr ...

Die folgende Story widme ich mit großem Dank Joël M., der sich in San Antonio als erster um mich kümmerte. Trotz Umzugsstress, denn er bezog gerade ein Haus, das er gekauft hatte und nun selbst etwas umbaute. Ich half ihm ein bisschen beim Kücheneinbau und er mir bei der Sprache.
Joël und seine Familie machten mir die ersten Wochen sehr leicht, und ließen mich die Einsamkeit vergessen. Sein kleiner Sohn, eineinhalb Jahre und Blondschopf, entfachte bei mir etwas Heimweh.

Mir stand das erste Wochenende in San Antonio bevor – allein in diesem riesigen Texas, einem Schmelztiegel mexikanischer Desperados und stolzer Rancher. Wo sich an jeder Ecke der Geruch von Mais, spanischer Unterhaltung und texanischer Freundlichkeit zu einer Mixtur von Zufriedenheit vermischt.

Wo sich unterschiedliche Kulturen nebeneinander zeigen und sich ohne Probleme präsentieren dürfen.

Es gibt an der Peripherie der Stadt natürlich auch Gegenden, wo man sich besser nicht zeigt, aber da kenne ich auch in meinem eigenen Land solche Bereiche.

Die Traurigkeit solcher Regionen ist Fakt, aber die Menschen versuchen alles, um die Situation menschlich zu meistern.

Für einen Außenstehenden ist es oft schwer zu entscheiden, ob sie freiwillig oder unter Zwang in dieser Lebenssituation stecken.

Fest steht, dass täglich Mexikaner und andere Südamerikaner über die mexikanische Grenze illegal nach Texas einreisen.

Auch Kriminalität gehört zum Alltag dieser Menschen, die sich deswegen abschotten und ihre eigenen Grenzen abstecken. Aber das sind alles subjektive Ansichten, weil ich selbst keine Möglichkeit hatte, die Situation vor Ort kennen zu lernen. Und viele dieser Menschen, die sich gelegentlich außerhalb der selbst verordneten Isolation bewegten, fielen oftmals gar nicht auf. Sie arrangierten und integrierten sich weitgehend.

Mein Start in San Antonio war der Beginn einiger Monate in völlig unbekannter Umgebung. Fremd in einem fremden Land.

Fremd in einer fremden Stadt. Rundherum Fremde und kein Freund – noch nicht!
Das Gefühl fremd zu sein, legte sich sehr schnell, denn die offene Herzlichkeit der Menschen zerstörte dieses Gefühl sehr rasch.

Ich musste bald erfahren, dass es mancherorts zuging, wie auch Zuhause. Da waren mit den Einwanderern auch die Eigenarten mitgekommen, denn in kleinen Orten, von Deutschen gegründet, mit deutschen Straßennamen und deutschen Läden, bewegt man sich sicher und fühlt sich gut aufgehoben. Ein Kontakt ist schnell hergestellt.

So ist es in den gesamten USA, wie ich erfuhr, denn zu 100% stammen die Weißen von den Europäern ab. So waren alte Bräuche und Verhaltensweisen mir nicht ganz fremd. So lässt es sich erklären, dass ich persönlich recht bald den Eindruck bekam, Zuhause zu sein.

Gegenüber des Motels, in dem ich zu Beginn unterkam, gab es eine Kneipe, die man nur besuchte, weil man von Durst geplagt wurde oder mal ganz dringende Bedürfnisse hatte. Den Eindruck machte sie jedenfalls. Und ich hatte Durst.
Auf der Fliegengittertür am Eingang hatte, in Augenhöhe, eine riesige Roach Stellung bezogen. Blitzschnell taufte ich sie in Gedanken „Ed".

Würde „Ed" mit in die Kneipe rennen, wenn ich die Tür öffne? Aber die Tür ging nach außen auf, also blieb „Ed" draußen.

Für den Thekenabend hatte sich schnell ein Freund gefunden. Sein Name war Bob und er kaute Tabak. Irgendwie eigenartig und nicht wirklich appetitlich, da er immer spucken musste.

Ich war froh, dass er hinter sich ein offenes Fenster hatte. In der Dunkelheit war das engmaschige Gitter davor aber nicht zu erkennen. Der Speichel überzog die engen Maschen schwarz-klebrig und floss ganz langsam nach unten. „Bob, don't do it again!"

Unmissverständlich war die Aufforderung des Barkeepers, der mich mit entschuldigendem Blick ansah.

Aber genau diese große Fensteröffnung entdeckte auch mein Freund von der Eingangstür. Ich sah „Ed" gerade noch verschwinden. Oder war es gar ein Verwandter?

Der ungewohnte Geruch dieser Kneipe stieg mir beim Trinken in die Nase. Was hielt mich bloß in diesem fürchterlichen Loch? Es war die Musikbox.

Sie spielte Lieder, die mich an Zuhause und an Freunde erinnerten. Immer mal wieder, mit kleinen Unterbrechungen, waren es Weihnachtslieder, die in der Vorweihnachtszeit meine Aufmerksamkeit erregten.

Sie fesselten mich für Momente und ließen mich träumen.

In einer solchen Situation ist man so sensibel, dass kleine Anstöße, egal aus welcher Richtung, den Kopf völlig durcheinander bringen.
Sie können blockieren oder gewaltig auf Fahrt bringen. Paradox!
Die Umgebung, Menschen und Dinge, werden auf einmal so wichtig. Es beeinflusst den Menschen positiv wie negativ, ohne selbst Einfluss nehmen zu können. Der Mensch ist in dieser Situation scheinbar auf Äußerlichkeiten angewiesen.

Auf einem verstaubten Bild an der Wand hinter mir, es musste ein sehr altes Poster sein, stand eine elegant gekleidete Schöne in einem langen Kleid vor ihrem knallroten Buick-Cabrio. Sie lächelte dem Betrachter verführerisch zu.
Es wäre gar nicht so schlecht, jetzt ihre Bekanntschaft zu machen, ging es mir durch den Kopf. Je länger ich diese Schöne im langen Kleid betrachtete, desto mehr verliebte ich mich in diesen Traum aus Öl auf Leinwand.
Und wenn ich diese Frau nicht kriegen konnte, würde ich wohl das Buick-Cabrio kaufen wollen. Die Werbung hatte funktioniert. Was allein mich daran hinderte, war mein schwach gefülltes Portemonnaie.

Über der Bartheke war ein altes Fischernetz gespannt und diente mittlerweile als Kletternetz für ganze Horden von „Ed's", die man trotz peinlicher Sauberkeit nicht loszuwerden schien.

Nach einer Weile gewöhnt man sich an sie. Der Versuch sie zu erschlagen, brachte nur Frust, da diese Gesellen irrsinnig flink sind. Der Jäger bekommt mit der Zeit das Gefühl, die ahnen, wo er zuschlagen will.

Wenn die Musik lief, durchstreifte ich in Gedanken eine ganz andere Welt.
Zwei Gäste an der Bar bewegten sich im Takt der Melodie und entführten mich unbewusst in eine Traumwelt. Ich erlebte noch einmal den letzten Abend vor meiner Abreise, und die Party, die Freunde für mich gegeben hatten. Ich fühlte träumerisch, wie sich eine Frau beim Tanz ganz dicht an meinen Körper schmiegte. Sie war die Mutter meines Sohnes. Sie musste eine Weile ohne mich auskommen.
Manchmal sind im Leben unpopuläre Entscheidungen gefordert.

Ich entspannte mich auf meinem Barhocker und sank etwas in mich zusammen. Bob holte mich mit einem Schlag auf den Oberschenkel wieder zurück in die Gegenwart. Wie sollte er auch wissen, was gerade in mir vorging. „You're allright?"
„Yes, I'm fine!"

Eigentlich ein ganz wunderbarer Ort, dieses „Old Paddocks". Auch wenn die Umgebung nicht immer das ist, was man sich wünscht und sich so vorstellt.

Die Menschen, die man trifft, verändern das rasch. Ihre spontane Freundlichkeit ist so entwaffnend, dass man sich sogar manchmal seiner Gedanken schämt. Diese „miese" Kneipe war wie eine Umarmung, in der ich mich geborgen fühlte.

Einige Male war ich inzwischen im „Old Paddocks", aber ich wurde immer begrüßt, als würden mich alle seit ewigen Zeiten kennen. Vielleicht war ja beim Wirt ein bisschen wirtschaftliches Denken dabei – und auch normal – aber all die anderen Gäste?
Nun kam heute der Wirt auf mich zu und sagte, dass er mich einladen möchte. Ich war ganz erstaunt und musste ein blödes Gesicht gemacht haben.
„Alle Stammgäste sind am Weihnachtsabend zum Essen eingeladen ... - we'll have turkey. Are you ready for another beer?"
„Sure, thank's!"
Ich musste fürchterlich gestammelt haben, denn alle an der Bar grinsten sich eins. Ich hatte ja keine Ahnung, dass ich bereits zu den Stammgästen zählte. Hat der Wirt etwa geahnt, dass ich sehr allein sein würde an diesem Tag?
Ich wunderte mich etwas darüber, dass es am 24.12. überhaupt möglich war, irgendwo am Heiligabend hingehen zu können. Sie erklärten mir aber dann, dass der Abend für ein gesellschaftliches Ereignis stünde – für Partys, Freunde und die Familie!

Bescherung und die Schlacht unterm Weihnachtsbaum wird am Morgen des 25.12. stattfinden. Ein Brauch, der mir in der Situation unglaublich entgegen kam.

Ich fand die Idee, die Bescherung am Morgen zu machen, sehr gut. Wenn ich daran denke, wie die Kinder am Weihnachtsabend etwas müde zwischen ihren Geschenken zubrachten, war es zu Tagesbeginn, nach einem gemeinsamen Frühstück, viel entspannter. Da hatten alle mit ihren Geschenken noch den ganzen Tag vor sich.

Ich hatte insgeheim schon etwas Angst davor, diese langen Weihnachtstage nicht schnell genug hinter mich zu bringen. Und nun bescherte mir diese unverhoffte Einladung eine Unterbrechung in der Kette aus Einsamkeit und beängstigender Langeweile.

Ich konnte den Tag gar nicht abwarten. Am liebsten wäre ich schon eine Stunde vor Beginn ins „Old Paddock" gegangen, aber ich zwang mich zu ernüchternder Gleichgültigkeit. Ich versuchte an dem Tag, die verbleibende Zeit bis zum Abend einigermaßen sinnvoll zu überbrücken.

Die Zeiger der Uhr schienen festzukleben. Kaum eine Bewegung. Ich setzte mich auf mein Bett und las in der Zeitung vom Vortag.

Alles Artikel, die ich bereits kannte. Oder etwa doch nicht? Beim ersten Mal musste ich wohl einiges überlesen haben.

Endlich schafften es auch diese irrsinnig langsamen Uhrzeiger und deuteten an, dass ich losgehen könne.

Als ich bei „Old Paddocks" durch die Tür trat, hörte ich aus einer dunklen Ecke: „Smashing, there he is – my buddy is coming in!" Es war Bob. Was meinte er eigentlich mit „buddy"?

Mir wurde lang und breit erklärt, dass „buddy" eigentlich Freund heißt. Und so knallten wir, wie zwei alte „buddys", die Bierkrüge gegeneinander und eröffneten für uns den geselligen Abend mit seinen vielen Überraschungen.

Dass Bob ständig diesen Kautabak im Mund hin- und herschob, daran hatte ich mich gewöhnt. Und dass er dabei ganz braune Mundecken bekam, war auch nicht ungewöhnlich. Küssen musste ich ihn ja nicht. Als er mich jetzt aber breit angrinste, fiel mir das erste Mal auf, dass Bob oben rechts und unten rechts ein Zahn fehlte – das war neu. Es war die Lücke, durch die er immer spuckte.

Sein unrasiertes und verschwitztes Gesicht passte dazu wie der berühmte Deckel auf dem Topf. Ich lächelte zurück, denn er war mir plötzlich noch sympathischer.

Das war mir einen Pitcher wert, etwa zwei Liter Bier und so kalt, dass einem die Finger am Glas festklebten. Bob umfasste meine Schultern und ich spürte, dass ich schon jetzt seinen Abend gerettet hatte.

Er blickte in die Runde und sagte zu allen, die es hören wollten, oder auch nicht: „What a good guy!"

An dem Abend traf ich noch auf eine wunderschöne, schlanke und hochgewachsene Frau, die Probleme hatte, ihre langen schwarzen Haare zu bändigen. Flugs versteckte sie die Pracht unter einen hellgrauen Wollmütze.

Die Musikbox hatte an dem Abend einen ungewöhnlich häufigen Auftrag. Immer wieder wurde das Weihnachtslied „Feliz Navidad" von José Feliciano gewählt. Der Refrain, sehr einprägsam und der erste komplette Satz, den ich in fremder Sprache beherrschte, wurde mit Inbrunst von allen gesungen. „... I wanna wish you a merry Christmas – ... from the bottom of my heart!"

Als später auch noch getanzt wurde, hatte ich es tatsächlich geschafft, mit der Schönen die meisten Tänze zu bestreiten. Welch ein Glück ich doch an dem Abend hatte.

Ich bezeichnete es sogar als unerwartetes Weihnachtsgeschenk. Ihr Nacken, völlig frei und von Haaren unbedeckt, war zart und sie roch so angenehm, dass ich mich kaum von ihr lösen konnte. Sie ließ es geschehen, aber erwiderte die gehauchten Zärtlichkeiten nicht, die eigentlich einer anderen Frau galten. Ich glaube, sie ahnte meine Situation und wollte mich nicht stören in meiner Zufriedenheit.

Sie hieß Isabelle, Mexikanerin mit amerikanischem Pass. Das grinsende Gesicht von Bob aus der Distanz verriet, dass er gern mit mir getauscht hätte.

Heute weiß ich, dass an diesem Weihnachtstag viele allein stehende Gäste im „Old Paddocks" waren, auch mittellose. Alle hatten sich vor dem gigantischen Buffet wie die Könige gefühlt. Es wurde ein Weihnachtsfest der besonderen Art.
„Old Paddocks", dieses fürchterliche Loch, wurde für mich immer häufiger zu einem Ort, der mir ein Lächeln auf die Lippen zauberte. Ein Ort der Begegnung mit freundlichen Menschen.
Die Gewissheit, dass man mich vorbehaltlos beschenkt hatte, machte mich ruhiger und konzentrierter in meinem Verhalten. Ich wurde von der Angst und der bangen Frage befreit, ob ich es überstehen würde, meinen diffizilen Job zu meistern. Ohne große Sprachkenntnisse und zeitlich begrenzt.
Die Menschen gaben mir Freundlichkeit als Nahrung für meine Seele. Das Weihnachtsbuffet als Nahrung für meinen Magen. Mein Wohlbefinden war kaum noch zu steigern.
Die Freundschaften waren wie ein Fundament, stark genug, Stürme zu überstehen.

***

In den ersten Tagen konnte man mich in San Antonio nur mit einem Wörterbuch antreffen. Wenn ich etwas wissen wollte und mein Wörterbuch aufschlug, wartete man geduldig, bis ich fündig wurde.

Ängstlich, mit der Hoffnung, keine Fehler zu machen, stellte ich dann die Fragen. Nach und nach hat man mir die Angst genommen, Fehler zu machen.

Mein Wörterbuch blieb immer öfter im Büro und in meinem Appartement liegen.

Wenn mir trotzdem ein Fehler unterlief, übergingen die Menschen das und halfen mir sehr diskret, es richtig zu machen.

Alle gaben sich wahnsinnige Mühe, mich zu verstehen und sich selbst verständlich zu machen. Auch wenn es mal mit Händen und Füßen sein musste. Folglich lebte ich mich sehr gut ein.

WOODLAWN HILLS
Mein eigenes Appartement

*A*m 3.1.1977 bezog ich mein Appartement, das ein Angestellter des Büros, für das ich arbeiten sollte, gefunden hatte. Ein kleines Wohnhaus mit 6 Wohnungen, verteilt auf ein Erd- und Obergeschoss.

Übersichtlich in ruhiger Umgebung gelegen. Vor allem nur von jungen Leuten bewohnt.

Ein großer Wohn- und Schlafbereich, eine Küche und ein Bad. Gemütlich eingerichtet von der Besitzerin des Hauses, die im Erdgeschoss wohnte. Eine alte Dame, gepflegt und sehr freundlich.

75 Dollar plus 15 Dollar Umlage, waren eine akzeptable Summe für die kommenden Monate. Ich fühlte mich von der ersten Minute zuhause und folglich sehr wohl.

Die Bushaltestelle lag um die Ecke und Downtown ebenfalls in fünf Minuten vom Büro entfernt. Alles sehr komfortabel.

TRAVIS PARK
Bus Stop mit Überraschung

Mein Englisch verbesserte sich von Tag zu Tag. Meine Lieblingssendungen waren die Werbeeinblendungen des lokalen Radiosenders KITY 92. Durch die regelmäßigen Wiederholungen brachte der Sender mir die Sprache näher und schließlich die Sicherheit in der Aussprache. Ich widme die Story KITY 92.

*F*eierabend. Es war wieder einer dieser heißen Tage in San Antonio, an dem jeder das Gefühl bekam, wenn er das vollklimatisierte Bürogebäude verließ, dass er ein Knetmännchen wäre und sofort zu einem Klumpen zusammenschmelzen würde.

Die Hitze schlug einem entgegen, wie wenn man einen Backofen öffnet. Dazu diese unglaubliche Luftfeuchtigkeit. Die Bewegungen werden schlagartig langsamer und auch die Gedanken werden träger. Sogar der Schatten unter den Bäumen brachte kaum Linderung.

Es war wieder ein trauriger Tag für mich. Der lang erwartete Brief war wieder nicht in der Post.

Ich zweifelte schon an den zuständigen Ämtern und schob ihnen insgeheim die Schuld in die Schuhe. Es ist schon so lange her, das ich von ihr etwas hörte.

Mit vielen Gedanken, wichtig und unwichtig, lief ich etwas planlos durch den Park, denn ich hatte noch 20 Minuten Zeit, bis mein Bus die Haltestelle Travis Park anfahren würde.

Und 20 Minuten können sehr lang sein, wenn man Kummer hat und fast in seinem eigenen Selbstmitleid versinkt. Man ist allem Unbill der Welt ausgeliefert. Jedem anderen, dem man begegnet, glaubt man anzusehen, dass er unverschämt glücklich ist. Warum der und nicht ich?

Ich hatte plötzlich das Bedürfnis, mich mitzuteilen. Jetzt gleich und sofort - im Park. Die Vorstellung, ich würde mit meiner Liebsten reden, machte mich momentan zufrieden und brachte mich in ihre Nähe. Ich setzte mich auf den Rasen und lehnte mich an einen dicken Baum, denn die Parkbank war mit liegen gebliebenen Essensresten aus einem Fastfood-Restaurant beschmiert.

Über mir blickte ich gegen den dunkler werdenden Abendhimmel und in die vom leichten Wind bewegten Palmblätter. Von den Leuchtreklamen der zwei großen Kaufhäuser gegenüber wurden sie etwas aufgehellt. Auf einer kleineren Palme nebenan bemühte sich ein großer Vogel Halt zu finden, aber vergeblich. Ein durchaus amüsanter Anblick.

Er rutschte immer wieder auf dem nach unten geneigten Blatt ab, das wie ein riesiger Kamm aussah.

Ich begann, meiner Freundin die Situation zu schildern. Vielleicht ahnt sie etwas, oder hört meine Geschichte in ihren Träumen. In solchen Momenten glaubte ich sogar an die Kraft der Gedankenübertragung.

„Liebste, dieser Vogel hat immer noch nicht aufgegeben. Ziemlich stur der Kerl, ich muss mich wundern. Der Vogel da oben ist ein Blackbird, könnte das Ergebnis einer Liebe zwischen einer Amsel und einem Raben sein. Ein frecher Vogel.

Gegen das Sonnenlicht schimmert er in bläulich-grünlichem Perlmutt. Dieser Kerl vollführt ein wahres Kunststück, wie ein Seiltänzer.

Du musst dir vorstellen, weiter vorn im Park macht eine mexikanische Band Musik. Es sind Mariachis. Und zu dieser Musik scheint der Vogel zu tanzen. Zwar von einem Bein aufs andere, aber immerhin trifft er den Takt.

Bei einem etwas längeren Ton rutscht er auf der Rippe des Palmblattes nach unten, bis er sich fängt und wieder nach oben tippelt, um nicht abzustürzen. Es sieht alles etwas eigenartig aus - wie Samba. Der Vogel verführt mich sogar, mit dem Fuß mitzuwippen. Er scheint die Musik zu hören und zu genießen.

Oh, er bekommt Gesellschaft, ein zweiter Vogel der gleichen Art, vielleicht der Mann – vielleicht die Frau?

Er versucht, sich neben den anderen zu setzen und kämpft um diesen unangenehmen Standplatz mit wildem Flügelschlagen. Er tanzt von rechts nach links, um seinen Nachbarn zu verdrängen.

Was die beiden da vorführen, ist richtiges Theater, das Spiel mit den Gefühlen des Zuschauers.

Im Zusammenspiel mit der Musik der Mariachis, und der bunt blinkenden Leuchtreklame des Kaufhauses im Hintergrund, fühle ich mich unfreiwillig in eine Ballettaufführung versetzt.

Kommt das grüne Licht, haben beide Vögel die Flügel flatternd weit ausgebreitet.

Beim roten Licht sitzen sie nebeneinander und schauen sich fast drohend an. Dann, beim kurzen Aufleuchten der großen Reklametafel, mit der kompletten Farbpalette, erheben sich beide Vögel und flattern aufgeregt. Ein furioses Finale, das mich fesselt. Mit ihrem monotonen Krächzen scheinen sie sich auch zu beschimpfen.

Hat der Eindringling gerade etwas Halt auf dem Blatt gefunden, versucht der andere, ihn wieder davon runter zu schubsen. Alles zusammen ist wie eine Sinfonie der Bewegungen, begleitet vom Licht der Reklame und der Musik der Mariachis.

Über den Werbetext auf der Reklame könnte ich lachen, denn da steht: „Das große Flattern", genießen sie die Vogelwelt der Everglades!

Unglaublich, der Eindringling hat aufgegeben. So schnell wie er kam, verschwand er auch wieder. Der Sieger setzt seinen Tanz auf der Mittelrippe fort. Er dreht den Kopf hin und her, reißt seinen Schnabel auf und – ich traue meinen Augen kaum - er lacht. So ist es. Er lacht über den Erfolg, seinen Platz behauptet zu haben. Er ist sich seiner Stellung, ein begnadeter Tänzer und der bessere Akrobat zu sein, ziemlich sicher.

Liebste, ich glaube mein Bus ..., oh nein, er ist durchgefahren. Keiner wollte aussteigen und ich sitze hier am Baum, habe ihn nicht kommen sehen und der mich nicht erblicken können. Mein nächster Bus kommt erst in 20 Minuten. Ich werde mir schnell noch etwas zu trinken besorgen. Morgen werde ich dir einen Brief schreiben.
Oder noch besser, vielleicht ist ja morgen ein Brief von dir in der Post und ich kann ihn beantworten. Ich liebe dich!"

„Hallo, junger Mann", sprach mich plötzlich jemand von der Seite an. Ich war dermaßen erschrocken, dass ich von meinem Sitzplatz vor dem Baum hochspringen wollte.

Da erblickte ich einen langen weißen Stock, wie eine Angelrute, die nach mir ausgeworfen wurde.

Die Stockspitze piekste mir in den Oberschenkel, sagen wir, sie berührte mich mit heftigem Druck.

Ich sah in das Gesicht eines alten Mannes, vielleicht 75 Jahre – oder mehr? Schlagartig erinnerte er mich an meinen verstorbenen Vater. Ein komischer Gedanke in diesem Moment.

Aber der Grund für den Gedanken war eher, dass der Mann mich in meiner Muttersprache ansprach. Völlig unerwartet. Und nun fiel mir auf, dass er blind war. Der lange weiße Stock war sein wichtigster Begleiter und diente dem Erkennen von Hindernissen.

„Ja bitte?", antwortete ich.

„Ich muss mich bei ihnen bedanken!"

„Wofür?", fragte ich etwas erstaunt.

„Für die hervorragende Schilderung mit dem Vogel. Ich muss gestehen, dass ich hinter ihnen auf der Bank saß und einfach mitgehört habe. Wissen sie, hören kann ich gut, nur sehen ist nicht möglich. Es fesselte mich, deshalb blieb ich ruhig. Ich wollte auch wissen, wie die Sache endet!"

Ach du meine Güte, dachte ich zuerst – hat der Mann sich mit seinen Klamotten vielleicht in die Essensreste gesetzt?

Ich verbog mich etwas um ihn herum, aber er hatte Glück. Es war nichts. Und ich hatte den Mann noch nicht einmal bemerkt, als er sich hinter mir auf die Bank setzte.

Mein eigenes Gehör kann wohl mit dem des alten Herrn nicht konkurrieren.

„Na ja, auch wenn es nicht für meine Ohren bestimmt war, hatte ich den Eindruck, sie würden mit mir reden, also wollte ich sie nicht unterbrechen."

Ich war etwas sprachlos und brauchte einen Augenblick, um darauf zu reagieren.

„Das ist schon in Ordnung, aber sagen sie, warum sprechen sie so gut Deutsch?"

„Meine Oma ist mit ihrem Sohn, meinem Vater, vor dem Krieg nach Amerika ausgewandert. Und bei uns Zuhause wurde sehr viel Deutsch gesprochen."

„Aber sie sprechen ja fast schwäbischen Dialekt?"

„Was anderes habe ich nie gehört. Das war für uns eben Deutsch. Einen Satz meiner Oma habe ich immer ganz besonders geliebt. Da sie Fliegen in der Wohnung hasste, lag immer eine Fliegenklatsche griffbereit.

Einmal setzte sich eine Fliege genau aufs Dekolleté meiner Mutter.

Da sagte meine Oma: Pass auf Mädle, net erschrecke, i hau dir mit dem Muckedatscher glei auf´d Brusch, weisch! Das wurde zu meinem Lieblingssatz!

In Deutschland war ich nie gewesen. Als ich 15 war, hatte ich durch einen Unfall mein Augenlicht verloren."

Ich musste unwillkürlich in mich hineinlachen. Es klang einfach umwerfend komisch, der schwäbische Dialekt an der Haltestelle Travis Park.
„Hören sie ihren Bus? Beeilen sie sich!"

Ich hatte den Bus wieder nicht gehört und gesehen; ich hätte ihn ein zweites Mal verpasst.
„Vielleicht sehen wir uns mal wieder – ich heiße Roland", rief er mir noch zu.
Ich konnte gerade noch „bye" sagen, da schloss sich auch schon die Bustür.

***

Der alte Herr war noch öfter an der Haltestelle und er freute sich jedes Mal darüber, wenn ich ihm wieder eine Geschichte erzählte. Von Dingen, die sich gerade so um uns herum abspielten. Oder von Dingen aus meiner Heimat, von der er gern etwas hörte.
Wie das im Leben so ist, trifft man immer wieder auf Menschen, die auf dem Lebensweg ein Stück als Begleiter mitgehen, und es entwickeln sich danach nicht selten Freundschaften fürs Leben.

Und da spielt es überhaupt keine Rolle, welcher Religion oder welchem Kulturkreis man selbst oder der andere angehört.
Da sind nur der Mensch selbst und sein Charakter das Maß der Dinge.

PADRE ISLAND
120 Kilometer Sandstrand und heiße Träume

Ich komme nicht daran vorbei, Isabelle G. die nächste Story zu widmen.
Meine erste Begegnung mit dieser attraktiven Frau war schon eine Weile her. Aber der Spruch, dass man sich im Leben immer zweimal trifft, schien sich zu bestätigen.
Es war Isabelle, die attraktive Mexikanerin. Sie stammte aus Saltillo in Mexiko. Durch sie bekam ich mit dem Völkergemisch in Texas direkten Kontakt.

*I*sabelle erklärte mir, sie sei weder ein Redneck, noch eine Enkelin der Mexikaner, die den Alamo angegriffen hatten. Das konnte ich mir auch fast nicht vorstellen, nachdem ich sie im „Old Paddocks" kennen lernte.
An dem Abend wurde auch getanzt und Isabelle und ich, obwohl ich noch nicht so gewaltig viel Englisch sprach, verstanden uns ganz prächtig.

Die Chemie stimmte ebenso, wie die beiderseitige Sympathie. Aber wir verloren uns aus den Augen. Isabelle war eine freundliche und äußerst zarte Versuchung mit langen schwarzen Haaren.

Als wir uns etwa vier Wochen später zufällig auf der Straße trafen, war ich angenehm überrascht, dass sie sogar nur einen Steinwurf weit von meinem Appartement entfernt wohnte.

Ab da grüßten wir uns schon von weitem, kamen aber nie zu einem längeren Gespräch zusammen.

Ich war in Deutschland gebunden und sie teilte an Wochenenden ihr Appartement immer mit einem Herrn, der aus New Orleans zu Besuch kam.

So war unsere Verbindung rein freundschaftlich, aber irgendwie prickelte es doch.

Erst dachte ich, dass der Besucher ihr Vater wäre, aber es war ihr väterlicher Freund, wie sie es ausdrückte. Und sie war ihm zu großem Dank verpflichtet, deshalb war für ihn immer das Wochenende reserviert.

Den Grund wollte sie nicht nennen, und ich wollte auch nicht danach fragen. Ich hatte also keinen Grund, unsere Sympathie füreinander weiter zu vertiefen und eine engere Bindung anzustreben.

Etwa im Februar trafen wir uns wieder in einer Wäscherei.

Dort erzählte sie mir die Geschichte mit dem alten väterlichen Freund.

Ich freute mich über diese Erklärung, unterbreitete sie mir doch gleichzeitig, dass sie meine Gesellschaft als sehr angenehm empfand.

Ich bekam das Gefühl, dass Isabelle mich beobachtete und wir im „Old Paddocks" nicht nur zufällig zusammen kamen.

Und ich muss gestehen, dass es mir schmeichelte, als sie mir meine Vermutung frei raus bestätigte. Denn sie war neugierig, wer in dem Appartement, dass sie vor mir lange bewohnte, eingezogen war.

Von diesem Zeitpunkt an haben wir uns jeden Tag gesehen, zumindest von Fenster zu Fenster und auf Rufweite.

Außerdem verabredeten wir, dass wir an den Wochenenden zukünftig gemeinsam in die Wäscherei gehen wollten.

Aber dort den Kaffee aus dem Automaten zu trinken, bis die Wäsche fertig war, das war nicht das Gelbe vom Ei, und traf auch nicht unser beider Geschmack.

Den tranken wir dann mal bei mir, dann wieder bei ihr und holten nach einer Stunde die Wäsche wieder ab. Unsere Freundschaft verlagerte sich immer mehr in Richtung romantische Vertrautheit.

Als Name für sie fiel mir Butterfly ein, denn mit ihrer zarten Erscheinung wirkte sie irgendwie zerbrechlich.

Sie hatte mir den „Kosenamen" nicht übel genommen und fand ihn sogar schmeichelhaft. Isabelle wurde zu einem gern gesehenen Gast in meinem Appartement.

Eines Tages erfuhr ich, aus einem Gespräch heraus, dass Isabelle gelernte Friseurin war und mir eigentlich die Haare schneiden könnte.

Nun, irgendwann war es dann soweit. Ich hatte schon ganz früh alle Türen und Fenster geöffnet, denn die Wärme war noch nicht so stark, als dass die Klimaanlage die Kühlung hätte übernehmen müssen. Denn bei großer Hitze hält man besser alles geschlossen und lässt die Technik arbeiten.

Isabelle war wie immer pünktlich und hatte ihre kleine Tasche mit den Utensilien zum Haare schneiden dabei, sonst nichts. Ihre langen Haare hatte sie nach oben gesteckt und mit mehreren Spangen fixiert.

Sie trug das knappste T-Shirt, das ich je gesehen hatte und eine abgeschnittene Jeans, die sie auch hätte weglassen können.

Sie bemerkte meine Blicke und sagte nur: „Ich habe mich nicht gestylt, nur rasch was übergezogen.

Wir wollen doch nur die Haare schneiden. Und das geht auch nur, weil heute ausnahmsweise mein Bekannter nicht zu Besuch kommt!"

Viele Erklärungen, die gar nicht notwendig waren. Ich hatte schon einen Hocker auf das Podest der hinteren Nottreppe gestellt, auf das man von der Küche aus gelangte. Gut, dass der Platz im Schatten lag und die Sonne nicht so auf den Körper brannte.

Die abgeschnittenen Haare landeten im Hof und leichter Wind verteilte sie gleich.

„Kannst du bitte die Schere halten?", bat sie mich. Isabelle tänzelte um mich herum und war mal vor mir, dann wieder hinter mir, neben mir, sie umkreiste mich förmlich. Ich hatte Zeit, sie genau zu betrachten, was sich aber nur auf die Partien zwischen Bauchnabel und Knien bezog. In der Sonne schimmerte ihre bronzene Haut verführerisch.

Sie stand so dicht vor mir, dass ich mit dem Mund leicht ihren Bauch hätte berühren können. Dann war sie wieder hinter mir und nur ihre zarten Berührungen blieben mir für mein Wohlbefinden.

Wir sagten beide nicht viel, denn es gab in diesem Moment nichts zu sagen. Die Luft stand still und ließ sich buchstäblich mit dem Messer schneiden. Irgendetwas musste passieren, nur was und wann?

„So, jetzt nur noch etwas über deiner Stirn, dann hast du eine neue Frisur!"

Das war so überraschend gekommen, dass es mich erschreckte. Ich zuckte leicht zusammen.

Das kann doch nicht sein, dachte ich, schon fertig. Ganz dicht stand Isabelle vor mir.

Ich nahm meinen ganzen Mut zusammen und formulierte im Geiste einen Scherz, falls ich mit meiner Bemerkung baden gehen würde.

„Ich müsste bei dir auch etwas abschneiden!"

„Wie meinst du das?", fragte sie erstaunt.

„Na ja, es sieht irgendwie komisch aus."

Mein Mund wurde plötzlich ganz trocken.

„An deiner Jeans hängen lange Fäden herunter. Zwischen den Oberschenkeln."

Ich blickte zu ihr auf.

„Du hast doch die Schere, mach' sie weg. Ich kann sie ja nicht sehen!"

Ich musste schlucken, wusste ich doch nicht, wie ich das jetzt machen sollte. Die Fäden einfach in die Hand nehmen und..., soll ich meinen Zeigefinger zwischen Hose und Haut zwängen, um sie nicht zu verletzen? Ich war nicht sicher, wie das jetzt gehen sollte. Es lag alles so eng an.

Meine unbeholfenen Versuche waren alle nicht sonderlich dazu geeignet, diese lächerlichen Fäden zu bewältigen.

„So wird das nichts", sagte Isabelle. Sie stand noch immer vor mir und begann, ihre Hose zu öffnen. Sie zog den Reißverschluss langsam nach unten, um der Jeans den engen Sitz zu nehmen.

Ich hatte einen tollen Haarschnitt bekommen und Isabelle konnte ohne lästige Fäden ihre knappen Shorts tragen.

„Du weißt, dass ich in deinem Appartement gewohnt habe, bevor du gekommen bist. Ich habe das Gefühl, hier etwas vergessen zu haben. Darf ich mal nachsehen?"

Sie ging zielstrebig an die Kommode neben dem Bad und zog die Schubladen auf. In der untersten griff sie nach hinten und holte etwas hervor.

„Ich wusste es", sagte sie triumphierend und hielt mir etwas entgegen. Es war eine filigrane Haarspange mit azurblauen Blüten, die wunderbar zu ihren schwarzen Haaren passte. Sie steckte sie über ihrem linken Ohr fest und sah zum Anbeißen schön aus.

Einige Tage später vereinbarten wir, an einem Wochenende nach Corpus Christi zu fahren und auf Padre Island ein Strandhaus zu mieten. Sie prophezeite mir, dass mich 120 Km Sandstrand erwarten würden und sonst nichts.

„Rechne mal mit nichts, außer mit mir, aber lass dich überraschen", sagte sie freudig.

Und ich ließ mich gern überraschen, denn sie hatte, so unkompliziert wie sie nun mal war, immer etwas zu bieten. Mich wunderte nur, dass sie am Wochenende nicht ihren Besuch aus New Orleans erwartete.

Wir waren in Corpus Christi und buchten eine Hochsee-Angeltour. Es war zwar nicht mein sehnlichster Wunsch, doch Isabelle fand es angebracht.

Ich persönlich fand beim Angeln nie die nötige Ruhe, wie andere Petrijünger, denn nur rumsitzen und nichts fangen, war nicht wirklich mein Ding und machte mich eher nervös.

Im Golf von Mexiko könnte das nicht passieren, sagte man mir überall. Angesichts der Tatsache, dass es wohl stimmte, denn alle 28 Angler an Bord hatten reichlich gefangen, musste ich wohl etwas falsch gemacht haben.

Ich badete entweder nur den Köder oder er war weg, wenn ich die Angel wieder aus dem Wasser zog. Die Fische hatten mich überlistet. Ich hatte ihrer Schläue nichts entgegen zu setzen.

Kurz gesagt, ich hatte nicht einen Fisch und durfte das Mitleid und feinfühligen Spott von 28 anderen Anglern für mich beanspruchen. Dass Isabelle sich vor Lachen ausschüttete, war nur die Bestätigung dafür.

Den Rest des Tages verbrachten wir in den endlosen Dünen und auf den Sandflächen dieser gewaltigen Insel vor dem Festland. Vor der gesamten texanischen Küste befinden sich Lagunen, und Padre Island trennt diese von der offenen See.

Die einzigen Begegnungen hatten wir mit den kreischenden Möwen.

„Weißt du was?", fragte mich Isabelle, „wir gehen jetzt ganz weit nach Süden."

„Wie weit? Und vor allem, wohin gehen wir da."

„Der Ort ist nach mir benannt – Port Isabel. Etwa 113 Meilen sind es noch. Ist nur ein Scherz. Lass uns zurückgehen, wir sind schon weit genug gegangen, ich habe etwas Durst."

Ich atmete tief durch und wandte mich den wunderschönen Muscheln zu, die direkt vor unseren Füßen lagen. Ich hätte mehr als nur zwei Hände gebraucht, um sie zu transportieren. Der Wind ließ die Kraft der Sonne nicht merken, aber Isabelle warnte mich nicht umsonst davor: „Vergiss nicht deinen Stetson aufzusetzen."

Der nächste Tag sollte nur der Entspannung und der Erholung dienen.

Die Dünen, die Sonne, der Geruch des Meeres, die zarte Haut von Isabelle und das Gefühl von Sinnlichkeit, machten mich benommen.
Wir lagen im Sand und ich versuchte angestrengt irgendeinen kleinen Wolkenfetzen am Himmel zu finden. Zwecklos.
Bei den paar Strandläufern war ich erfolgreicher, denn die waren, gegenüber den Wolkenfetzen, in der Überzahl.
Isabelle verabschiedete sich für einen Moment in unser angemietetes Strandhaus, um uns einige Donuts und Getränke zu besorgen.

Ich lag weiter in der Sonne und träumte von Dingen, die alle nicht die Welt bewegen. Vor allem genoss ich Isabelles Gesellschaft.

„Hast du geschlafen? Ich hatte nach dir gerufen", sagte sie. „Machst du bitte die Flasche Wein auf?"

Ich war wirklich für wenige Augenblicke eingenickt und etwas durcheinander. Meine Hand fuhr langsam an Isabelles Bein nach oben, als ob ich mich erst orientieren müsste.

„Hier ist die Flasche, du müder Krieger, nicht an meinem Bein".

Isabelle reichte mir lächelnd den Korkenzieher. Ich musste ziemlich dämlich ausgesehen haben, denn sie betrachtete mich wortlos von oben bis unten und sah mich kritisch mit verkniffenen Augen an.

Na ja, immerhin kann ich sagen, es wurde einer der Tage im Leben, von denen man behaupten kann, dass nicht nur Träume schön sein können.

Dieses Wochenende im Strandhaus auf Padre Island war eine beeindruckende Erfahrung und ein schönes Erlebnis.

BEETHOVEN HOME
Deutsche Sangeskunst, Kegelbahn und Skat

Diese Story widme ich Otto E. Ransleben und Lee Gastinger, den fantastischen guten Geistern im „Beethoven Home", dem Deutschen Club in San Antonio.
Und natürlich den anderen wundervollen Menschen dort, meinem zweiten Zuhause in der Fremde – in San Antonio.

Ständige Termine bezüglich der Planungsarbeit für den alten Bergbauort Lytle machten es schwer, mit Isabelle öfter zusammen zu kommen.
Lytle lag direkt an der Bahnstrecke der South Pacific Railway, westlich von San Antonio. Dieser alte zerstörte Ort sollte völlig neu entstehen. Mit Flugplatz, Gewerbegebieten, Wohn- und Freizeitanlagen. Ich war dort oft länger, als im Büro. Die aufwändigste Arbeit war, einen Katasterplan zu erstellen, für den ich die Eigentümer der Grundstücke brauchte und deren Grenzverläufe ihrer Anwesen.
Schwierig, denn oft wussten die nur von den Vätern oder Großvätern, wo die Grundstücke endeten. Es war den Besitzern nicht leicht gefallen, da genaue Angaben zu machen.
Aber nach vielen Begegnungen kamen die Besitzer zu der Erkenntnis, dass man sich einigen musste.

Und das geschah dann auch zu aller Zufriedenheit.

Isabelle und ich telefonierten meist, aber die Wäscherei und der Kaffee, an irgendeinem Wochenende, waren Tradition geworden.
Ihr väterlicher Freund war weiterhin an vielen Wochenenden zu Besuch und störte ein bisschen meine Pläne, aber Isabelle hatte dafür keine Alternative. Bekannt war es mir ja von vornherein.

Meine Begegnung mit Robert an der Bushaltestelle hatte mich daran erinnert, dass es in San Antonio einen deutschen Club gibt. Und nun machte ich mich auf den Weg.
Es war eigentlich ein Besuch ohne große Erwartungen, aber eine gewisse Spannung lag trotzdem in der Luft, als ich vor dem Gebäude in der South Pereida stand.

Das Haus machte von außen einen gepflegten Eindruck und ganz erstaunlich, es war ein gemauertes Gebäude.
Nicht wie die meisten in Holzbauweise erstellt. Ich stand vor der Doppeltür und überlegte, ob ich, ohne mich vorher anzumelden ...

Beethoven Home Garden
Die Tafel neben dem Eingang fesselte meinen Blick:
Beethoven Home - gegründet 1867

Nun baute ich mich vor der Tür auf und überlegte, ob ich da so einfach rein gehen könnte. Diese Entscheidung wurde mir mit dem sprichwörtlichen Nachdruck abgenommen.

Ein starker Arm wuchtete mich durch die Doppelschwingtür, und ich wurde gleichzeitig von hinten angesprochen: „Willkommen mein Freund – I'm Lee!"

Und mit diesen Worten ergriff eine Schaufel von Hand die meine. Ich konnte nur stammeln - „Eberhard!"

„Prima, komm rein. Trinkst du ein Bier mit?"

Ich war bis dahin überhaupt nicht richtig zu Wort gekommen, es ging alles im Laufschritt.

Der Barkeeper füllte einen riesigen Pitcher mit Bier.

Lee sagte: „Das ist E... hm... something like ever hard! Edmund, gib ihm mal ein großes Glas. Bist du noch so heiser wie letzte Woche, Ed? Kannst du mitsingen?"

Damit verschwand Lee. Er stand irgendwie unter Strom. Edmund konnte sich nicht halten, grinste und fragte einfach nach: „Meint er wirklich hart ... like weich or so?"

Ich hatte immer noch nichts gesagt, stand vor diesem Pitcher und wunderte mich; ich buchstabierte aber höflich meinen Namen.

„Ich bin Ed! Ich kann heute noch nicht mitsingen. Die Proben gehen immer um 8 Uhr los.

Was hast du für eine Stimme? Wir brauchen noch einen 2. Tenor. Als wir unser großes Meistersingen beim Oktoberfest hatten, verabschiedeten wir unseren Tenor. Er musste beruflich nach Amarillo.

Du kommst also wie gerufen. Wir hatten ein wundervoll geschmücktes großes Boot auf dem Festumzug. Lee hat heute die Oktoberfesteinnahmen abzurechnen, deshalb ist er so kurz angebunden."

Der einzige Ed, den ich bisher kennen lernte, war ein Gast bei „Old Paddocks".

Nun hatte ich einen zweiten kennen gelernt, und der erzählte so viel, dass es mich sprachlos machte.

„Wieso Boot beim Festumzug?", war nach einer Weile meine erste Frage.

„Bei uns findet der Festumzug abends auf dem River statt, mit großer und grandioser Beleuchtung. Da engagieren sich mittlerweile alle Vereine. Tolle Sache. Vielleicht bist du auch mal bei so einem Fest dabei!"

„Ich werde wohl nicht so lange in San Antonio bleiben", sagte ich.

„Das haben auch schon viele gesagt!"

„Ja, aber ..."

„Komm, nimm dein Bier mit! Ich zeige dir den Probensaal."

Außer Eberhard - ja aber – und Festumzug ...,
hatte ich bis dahin noch nicht sehr viel gesagt,
aber bereits zwei Glas Bier getrunken und im
Probenraum, in der zweiten Reihe auf der
rechten Seite, Platz drei besetzt.
Links und rechts von mir saß jeweils ein älterer
Herr. Es gab fünf Stuhlreihen und in jeder
Reihe acht bis zehn Stühle. Alle waren besetzt.
Auf einem Sockel neben dem Klavier stand die
Büste von Ludwig van Beethoven.
Ein Typ mit einem Schnauzbart, wie man ihn
sich bei Dschingis Khan vorstellt, streckte
seinen linken Arm nach vorn, in der Hand
seinen Dirigierstab, und blickte in die Runde.
Ich betrachtete den „Feldherrn" derweil und
bemerkte, dass er keinen rechten Arm mehr
hatte. Er wartete, bis Ruhe eingetreten war.
„Guten Abend, liebe Sangesbrüder. Wir haben
einen neuen Gast aus Deutschland, der bei uns
im Chor mitsingen wird. Wir brauchen ja noch
einen 2. Tenor. Lee hat ihn heute mitgebracht!"

Mitgebracht? Mir blieb die Spucke weg. Er hat
mich an die Bar abgeführt und dann zum
Singen geschickt. So war es gewesen.
Und nun war es passiert, ich war eingekesselt
und vereinnahmt. Aber diese Gedanken wollte
ich nicht unbedingt äußern. Irgendwelche
Äußerungen meinerseits waren momentan auch
nicht gefragt, und der Applaus aller beendete
die Feststellung dieses „Feldherrn" gerade sehr
eindrucksvoll.

„Heute braucht der Lee noch einen Helfer für die Kontrolle der Einnahmen beim Oktoberfest. Edmund hilft auch. Lee, Walter ist dein Mann, er hat sich eben gemeldet. Alles geklärt!"

Danach stellte sich heraus, dass Walter nur den Arm hob, um eine Frage zu stellen. Und nun ist er für die Abrechnung nominiert. Keiner hat etwas gesagt und jeder akzeptierte es, dass Walter hilft. Und Walter sagte nichts, dann aber doch: „Ich war doch letztes Jahr schon bei der Abrechnung dabei, deshalb ..."
„Weil es dir so viel Spaß gemacht hat, möchtest du deshalb wieder dabei sein! Du hättest ja den Arm unten lassen können."

Blöd gelaufen. Keine Diskussionen. Der Rest der Anwesenden grinste nur. Der Einarmige war der Chorleiter, Dirigent und Manager in Personalunion. Einmalig der Typ. Ich fand ihn sehr sympathisch. Er schien seine Truppe voll im Griff zu haben. Sein Name: Otto E. Ransleben!
„Eberhard, unser San Antonio Liederkranz wurde am 12. Juni 1892 gegründet, von denen wirst du natürlich niemanden mehr antreffen. Aber ein paar Nachkommen schon. Einer davon ist Al Alberti, der Sohn eines Gründungs-mitglieds. Man könnte sagen, ihm gehört hier alles. Andere aus der Familie, ein paar Jüngere, singen auch mit. Da hat sich die Musikalität vererbt. So alt sind wir also schon!"

Ich hatte in diesem Chor zwar noch keinen Ton gesungen, aber ich war singendes Mitglied Nr. 58.

Alle waren ungeheuer stolz auf das Alter des Chores, vor allem, dass es viele Sänger gab. Da überlegte ich lieber nicht weiter, wie viel Mitglieder unsere Chöre in Deutschland haben und wie sie um den Nachwuchs kämpfen müssen.

„Einmal möchten wir gerne vor dem Brandenburger Tor singen", sagte Otto ganz melancholisch. Ansonsten war er ein sehr lustiger Mensch. Mit seinen Scherzen und deutschen Witzen, hatte er alle immer schonungslos erheitert. Er war die Personifizierung des Humors. Immer gut gelaunt.

Otto war Architekt und hatte durch seinen beruflichen Kontakt jemanden, der ihm ab und an deutsche Magazine zukommen ließ, denen er seine pointenreichen Witze entnehmen konnte.

„Eberhard, sag' uns was zu deiner Person! Du kannst es in Deutsch tun, denn das ist im Club unsere „Amtssprache". Singen tun wir natürlich auch in Deutsch. Schönes deutsches Liedgut – so, it's your turn!"

Manchmal mischte sich die „Amtssprache" im Club doch etwas.

„Du bist an der Reihe", war aber tatsächlich etwas lang.

Ich stellte mich vor und bestätigte, was man hören wollte, nämlich, dass ich schon immer die Gelegenheit suchte, in einem Chor zu singen.

Ich bekam zum zweiten Mal großen Applaus und durfte im 2. Tenor meine Kunst zeigen. Die Biermenge schmierte meine Kehle und ich hatte keine Probleme mit der Stimme. Sie waren sehr zufrieden mit mir. Ich war das fehlende Glied in der Kette.

Für die kommende Zeit hatte ich ein richtiges Zuhause gefunden, mit wundervollen Menschen, die mich ein ums andere Mal überraschten und mich zu einem der Ihren werden ließen. Ich kam in den Genuss, deutsche Lieder zu singen, von denen ich vorher nie etwas gehört hatte.

Oftmals fragte Otto mich, ob die Melodie so stimmte oder er setzte voraus, dass ich die Texte kenne. Wenn ich dann zugeben musste, das Lied noch nie gehört zu haben, waren viele Mitsänger sichtlich verwundert und auch etwas enttäuscht.

Ich erhielt noch einen DIN A4 Hefter mit Liedertexten. 31 Seiten stark, mit Schreibmaschine getippt. Kleine Fehler, die ich dabei erkannte, ließ ich einfach so stehen, denn so schlimm waren sie nicht. Zudem machte es alles so sympathisch.

Am meisten verwundert war ich darüber, seit meinem letzten Schultag zu glauben, gar nicht dazu fähig zu sein, in einem Chor mitzusingen. Und nun vollbringe ich das in einer Stimmlage, die ich mir überhaupt nicht zugetraut hätte.

Als ich eines Abends das Beethoven Home verließ, prangte an der Tür ein riesiges Plakat.

Man hatte es in der Mitte teilen müssen, damit es auf die Doppelschwingtür passte: ... laden wir alle Freunde und „Zocker" zu einem Skatabend ein!

Jetzt kriege ich sie, dachte ich. Das ist die Chance, meinen Freunden mal zu zeigen, wo der Bartel den Most holt. Die können Deutsch, obwohl manche noch nie in Deutschland waren. Sie kannten Lieder, die mir unbekannt waren. Sie hatten ein Boot statt eines überbauten Traktors zum Festumzug.

Und sie verehrten Beethoven, dessen Büste auf einem hohen Sockel neben dem Konzertflügel im Probensaal stand. Er blickte majestätisch auf uns Sänger.

Und nun greife ich sie mir beim Skat, dem deutschesten aller Kartenspiele. Pokern – pah, jetzt werde ich sie kriegen. Noch vier Tage bis zum Showdown. Ich konnte es kaum erwarten.

Der Abend war super besucht. Ich wollte erst gar nicht glauben, dass ich einen Platz vorbestellen musste, aber es war mehr als nötig. Es fanden sich zu dem Skatabend nicht weniger als 64 Leute ein.

Als ich dann hörte, dass man nur die ersten 64 Meldungen zum Turnier zuließ, aber für fast 100 Leute Platz gebraucht hätte, war ich schon erstaunt.

Auf meine Frage, weshalb nicht die Veranstaltung in einem größeren Saal stattfinden würde, vielleicht in einem Hotel, meinte Lee: „Es geht nicht nur um Skat, sondern auch um das traditionelle Ambiente. Und das deutsche Spiel kann nur in einem deutschen Haus gespielt werden! Ein bisschen Heimat brauchen die Karten doch auch, oder?"
Auf den Tischen lagen echte Altenburger Skatspiele in Originalverpackung.
Gespielt wurde in Vierer-Gruppen. Ich wurde an einen Tisch gelost, wo ich keinen der Mitspieler kannte.
„Wir kommen nur selten her, wir wohnen zu weit weg. Aber zum Skat kommen wir jedes Jahr!"
Die das sagten, waren mit dem Flugzeug gekommen – aus Denver (Colorado) und Des Moines (Iowa). Ich war beeindruckt.

Und nach den ersten Skatrunden noch mehr, denn ich befürchtete, dass sie, dort wo sie wohnen, ein Skat-Trainingslager haben mussten.
Sie hatten mir das Fell über die Ohren gezogen. An den Karten lag es nicht, es waren echte Altenburger!

Ich war heilfroh, dass ich vorher im Club nicht vom Leder gezogen und mit weltmeisterlicher Spielkunst geprahlt hatte.

Obwohl ich in einem anderen Fall erfahren hatte, dass einer, der die großen Ankündigungen nicht umsetzten konnte, keinen Nachteil zu befürchten hatte und Entschuldigungen suchen musste. Die hatten nämlich alle anderen für ihn geäußert. Man ersparte ihm damit weitere Peinlichkeiten. Die Sache war damit erledigt.

Zum Schluss war ich froh, einen Sonderpreis erhalten zu haben, weil ich der Spieler war, der die weiteste Anreise hatte.

Als wäre ich extra aus Deutschland zum Skat angereist. Anschließend war ich sogar begehrter als der Sieger.

Der war Farmer und kam aus Spokane (Washington State), und hatte auch im Vorjahr gewonnen. Da lohnte wohl die Anreise.

Mein Preis war ein riesiger Topf warme Tamales, die wir noch am selben Abend alle zusammen verspeisten. So an die 200 waren da bestimmt drin. Und geschmeckt haben sie auch super. Tamales sind gerollte Maisblätter mit Fleischeinlage. Von der Größe her mit unseren bekannten Kroketten vergleichbar.

Insgesamt hatte ich den 31. Platz belegt. Das nur zur Vollständigkeit. Es war aber auch den ganzen Abend ein saublödes Blatt. Normalerweise ...

Der Club hatte noch mehr zu bieten, als Singen, Tamales, Skat und Oktoberfest. Viele Jahre vorher, das dürfte etwa um 1921 gewesen sein, baute man auch eine typisch deutsche Kegelbahn. Mit Holzboden und selbst hergestellten Holzkugeln dazu.

Die Kegel wurden von den Jugendlichen mit der Hand wieder aufgestellt. Ich habe es tunlichst vermieden, auch da meine „Künste" zu demonstrieren, obwohl ich in Deutschland einem Hobbykegelclub angehöre und nicht schlecht spiele.

Alles in allem war der deutsche Club ein wunderbarer Verein mit prächtigen Menschen, denen ich vieles zu verdanken habe. In der Folgezeit konnte ich mich vor Einladungen kaum retten. Ich war ständiger Gast im Beethoven Home und verpasste keine der wöchentlichen Chorproben, schon gar nicht die tollen regionalen Auftritte der Truppe.

Ganz bedeutend, und einfach ein großes Erlebnis war es, im Wettstreit mit dem „Texanischen Gebirgs-Sängerbund", sich die deutschen Volkslieder um die Ohren zu singen.

Etwa so bekannte Weisen: „Oh, wäre ich wieder daheim" - was aber keineswegs auf meine Gemütslage bezogen war, oder: „Ich weiß ein Fass im tiefen Keller". Da hätte ich, was den Wein angeht, einiges zu sagen gehabt.

Es war ein riesiger Spaß, und ich lernte dadurch immer mehr nette Leute kennen.

Von der großen Politik in Washington so weit entfernt, wie die Zugspitze von meinem Appartement.

Im Beethoven Home war aber nicht nur für mich alles neu. Meine neuen Freunde staunten nicht schlecht, dass ich in San Antonio fast alles zu Fuß unternahm, um ja auch alles zu sehen und kein Detail zu verpassen. Das war für sie neu!
Trotzdem fragten sie mich jede Woche wieder, wo ich mein Auto geparkt hätte, denn es wäre doch wohl nur ein Scherz.
Sie schüttelten jede Woche auch erneut den Kopf über meine Standhaftigkeit – und meine richtige Aussage, für sie einfach unfassbar.

***

Zu den Menschen, die ich kennenlernen durfte, gehörte auch ein ganz lieber Kollege aus dem Büro. Was er sich in der Zeit meines Aufenthaltes in Texas alles einfallen ließ, hatte eine gewaltige Spannweite mit großem Erlebniswert.
Bis zu vergangenen Kulturen und ihren Schlachten, und den Missionsstationen, die ein Teil der Geschichte von Texas sind. Von Pecannüssen und Popcorn über Rodeo, Baseball und Football, reichte das Repertoire eines bemerkenswerten Kollegen, der mir seine Heimat zeigen wollte.

Ganz besonders war der Besuch in Luckenbach/Texas, wo die Ikone des Country and Western, Willie Nelson, seine jährlichen Openair-Konzerte gab.
Dort hatte ich das Vergnügen und das Glück, unter freiem Himmel, zwischen Tausenden von feiernden Fans, Countrymusic in ihrer reinsten Form zu erleben.

Post-Office Luckenbach Texas

PECAN, POPCORN UND RODEO
... gegen Fachwerk aus dem 14. Jahrhundert

Ich widme die folgende Story einem ganz besonderen Menschen, der es sich zur Aufgabe machte, dass ich bloß nichts von dem verpasse, was sein Land ausmacht.

Mike Imbimbo war nicht einmal Texaner, sondern kam aus Kalifornien. Texas gehörte für ihn zu seiner USA, das war ihm wichtig zu betonen.

Nur von Jimmy Carter, dem US-Präsidenten im entfernten Washington, wollte er nicht so viel wissen. Diesem Peanut-Boy, wie er ihn nannte, traute er nicht so recht.

Aber das sollte ich nicht als Bewertung ansehen, es sei allein seine Meinung, betonte er.

In dem Büro, in dem ich für die nächsten Monate arbeiten sollte, standen mir in erster Linie tolle Menschen, in zweiter Linie berufliche Helfer zur Seite. Man bemühte sich so rührend um mich, dass ich es manchmal schon als anstrengend empfand.

Aber immer auszuhalten, weil ich hier die Erfahrung machte, dass es mir vergönnt war, es auszudrücken, wenn ich mal gar keine Lust auf eine Konversation hatte. Es wurde angenommen.

Die Akzeptanz des Individuums war ganz einfach gelebte Praxis. Ein ausgesprochenes Wohlfühlklima.

Einer in dieser Gruppe meinte es aber besonders gut. Er hatte sich in den Kopf gesetzt, mir alles in der kurzen Zeit, die zur Verfügung stand, zu zeigen, was er als interessant erachtete. Manchmal konnte ich ihm seine Ideen einfach nicht abschlagen.

Der Stolz in seinen Augen, in einem Land zu wohnen, wo alles möglich war, verhinderte dies.

Seine erste Frage an mich war: „Stimmt es, dass es bei euch Häuser gibt, die 400 Jahre alt sind und in denen man immer noch wohnen kann? Sogar mit einem Bad drin?"

Ich musste schmunzeln, denn es war für ihn unvorstellbar, angesichts der etwas mehr als 200 Jahre USA und der Kenntnis von alten Häusern in seiner Heimat. Die Gewissheit, dass er mit mir jemanden persönlich kannte, der schon in so einem Haus gewesen ist, fühlte sich für ihn gut an, fast sensationell.

Ungeachtet dessen, schüttelte er jedes Mal den Kopf, wenn er auf neuerliches Nachfragen hörte, dass in meiner Heimatgemeinde ein Haus aus dem Jahre 1340 steht und noch genutzt wird.

Er konnte gar nicht genug davon hören und mir fielen bald keine Beispiele mehr ein. Es ist für uns einfach so selbstverständlich, dass man darüber gar nicht mehr nachdenkt.

Die Schlösser und Burgen, die noch heute bewohnt werden, und in denen schon Ritter ihre Liebste besuchten, brachten das Vorstellungsvermögen von Mike ziemlich durcheinander.

Während wir über solche Dinge redeten und uns gegenseitig Highlights unserer Länder aufzeigten, bauten wir gemeinsam am Holzmodell des „Riverbend Parkhauses" im Maßstab 1:25 – später ausgestellt in der Cityhall von San Antonio.

Mike war in Kalifornien geboren und meinte, dass Texas auch ganz schön wäre, aber...! Und da schwieg des Sängers Höflichkeit. Man erwartete von jedem, dass er sich sein eigenes Bild macht.

Dennoch wird nicht versäumt, die konkurrenzlosen Vorzüge von etwas anderem hervorzuheben und in das Bewusstsein des anderen einzupflanzen. Werbung und Säbelrasseln ist ja legitim. Sich drehen bringt den Erfolg.

Trotz allem lag nie der Zwang zugrunde, dem auch zu folgen. Eine schöne Sache. Anfangs hatte ich das Gefühl, mich für eine gegenteilige Meinung oder anderes Verhalten entschuldigen zu müssen. Falsch!

„No need, it's up to you!"

Eine Antwort, ohne dass darunter eine freundschaftliche Verbindung zu leiden hatte. Eine wunderbare Erkenntnis.

Mike bemühte sich sehr stark darum, mir einige „Bonbons" zu servieren. Und die kamen als erstes in einer kleinen Tonne. Er brachte mir ca. 20 Kilo Pecannüsse, die ich mir in mein Appartement stellen sollte. So zum Knabbern.

„Selbst gesammelt", wie er stolz betonte. Und da ich Walnüsse sehr gern esse, waren diese etwas länglichen texanischen Vertreter genau richtig für mich und sehr willkommen.

Geschmacklich waren sie für mich persönlich sogar besser, jedenfalls im frischen Zustand. Aber das ist eben Geschmacksache.

An einem Freitag, nach Büroschluss, sagte Mike, dass er mich am Sonntag zum Rodeo abholen möchte. Na, da war ich echt gespannt, was mich da erwarten würde. Eine erlesene Schar von Pferdenarren, die auf bockigen Pferden reiten und Kälber einfangen müssen, die nicht gern eine Schlinge um den Hals haben, war mein erster Gedanke.

Lange bevor mich Mike abholte, packte ich die wichtigsten Sachen zusammen und verstaute alles in meine große Foto-Umhängetasche.

Es war ganz ungewöhnlich für Texas, dass es an dem Tage so bewölkt war und ich sagte noch, dass es bloß nicht regnen soll.

„Das ist egal, das Rodeo findet in einer Halle statt", sagte Mike. Dieses Rodeo wurde zu einem Erlebnis ohnegleichen.

Ich schätze, dass etwa 20.000 Zuschauer in der Halle waren, die bis auf den letzten Platz gefüllt war.

Und das bei einer Pferdeshow. Inzwischen erklärte mir Mike, dass es Tradition ist, den Alltag der frühen Rancher zu zeigen und es Menschen gibt, die das in Perfektion beherrschen.

Die Stimmung war unglaublich. Die Halle kochte. Ich hatte vor lauter Staunen nicht mehr an Mike gedacht. Er verstand das und beschränkte sich darauf, mich zu gegebener Zeit in die richtige Richtung zu schubsen. Es war sehr beruhigend, dass er immer ein Auge auf mich gerichtet hatte, damit ich nicht verloren ging.

Überall liefen Cowboys und -girls umher, wie man das aus den Filmen kennt. Aber nicht nur die Teilnehmer der Show, auch die meisten Zuschauer waren in der traditionellen Kleidung gekommen. Echte Fans!

Ein bisschen erinnerte es mich an Fasching in den Hochburgen Mainz und Köln, was der Situation natürlich nicht gerecht wurde.

Auch das alljährliche Oktoberfest auf der Münchner Wiesn erinnerte ich mich. Ich behielt es für mich. Auf der anderen Seite gab es aber auch Leute, die wie Banker gekleidet waren.

Wirklich interessiert hatte es aber keinen und komisch angesehen wurde auch niemand, denn das Aussehen spielte überhaupt keine Rolle – jedenfalls nicht für die 20.000 Besucher, die sich auf die bevorstehende Show freuten.

In abgelegenen Ecken saßen Teilnehmer des Rodeos auf ihren Sätteln. Sie simulierten, mit geschlossenen Augen, den Ritt auf den wilden Pferden.

Die Sättel lagen allerdings auf dem Boden, die Beine waren gestreckt und die Füße steckten in den Steigbügeln. Es sah etwas komisch aus, aber die Skifahrer stehen vor ihren Rennen ja auch auf den Skiern, biegen sich im Stand mit geschlossenen Augen, und simulieren die Fahrt durch den Stangenwald.

Gerade hatten wir unsere Sitzplätze eingenommen, da ging das Licht in der Halle aus und ein Spot tauchte die Mitte der Halle in ein gleißendes Hellblau. Aufgeregt fummelte ich meinen Fotoapparat aus der Tasche, um schnell noch einen Film einzulegen.

Es war kaum auszuhalten – immer wenn es schnell gehen soll ...

Ein unbeschreiblicher Jubel brach los, begleitet von Johlen, Klatschen und Pfeifen. Einem Orkan vergleichbar.

Auf einem flachen Autoanhänger, gezogen von einem herrlich geschmückten Pferd, wurde ein Cowgirl in den rötlichen Lichtkegel in die Mitte der Halle gefahren. Dahinter schritten zwei andere Frauen mit den Flaggen von Texas und der USA. Der Lone Star und Stars and Stripes bildeten den Rahmen für den Auftritt.

Dann stellten sich die zwei links und rechts vom Anhänger auf. Ich wusste in dem Moment nicht, wo ich mehr hinsehen sollte.

Auf das grandios geschmückte Pferd, auf die sexy gekleideten Fahnenträgerinnen oder auf die Augenweide auf dem Wagen.

Jetzt ärgerte ich mich wirklich, dass ich den Film noch nicht eingelegt hatte.

Plötzlich zog mich Mike vom Sitz hoch in den Stand.

Ich war noch immer mit meinem Fotoapparat beschäftigt, musste ihn jedoch schnell auf meinen Sitzplatz legen.

So schnell wie der Jubel losbrach, so schnell war es still und die Frau auf der Plattform des Wagens begann die Hymne der USA zu singen. A cappella. Zudem hatte sie auch noch eine Stimme, die eiskalte Schauer über den Rücken jagte. Als sie fertig war, brach der Jubel wieder los.

Das Licht in der Halle ging an und alle Besucher setzten sich wieder hin. Mein Hintermann tat das wohl zu heftig, jedenfalls entlud sich ein Teil seines mit Popcorn gefüllten 5-Liter-Eimers über meine Schulter hinweg in den Fotoapparat, der immer noch geöffnet seinen Film erwartete.

Den Film konnte ich vergessen. Meine Spiegelreflexkamera verwandelte sich in einen Popcornbehälter.

Als ich losdonnern wollte, kam ein herzerweichendes „Sorry Sir", und bei mir die Erinnerung an das Ketchupdesaster in New York. Mein Mund blieb zu.

Bilder an diesem Abend zu machen, hatte ich abgehakt. Aber eins war sicher. Ich würde wieder zu einem Rodeo gehen. Nur zu gern!

Zu weiteren Gesprächen war keine Zeit, denn zum einen duldete das Programm keine großen Pausen, und zum anderen war ich so fasziniert und manchmal auch sprachlos von den großartigen Darbietungen, dass einfach kein Wunsch nach Konversation aufkam.

Nahtlos reihte sich ein Höhepunkt an den nächsten. Ein Unterhaltungsprogramm vom Feinsten.

Staunen über die Reitkunst der Cowboys, die sich auf wilden Rindern und Pferden behaupteten, bis die Buckelei und das Verdrehen des Tierkörpers in der Luft zu heftig wurde, und vom Reiter nicht mehr zu kontrollieren war.

Die Clowns, die zur Ablenkung der wütenden Rinder in ihren Tonnen verschwanden, aber es manchmal nicht schafften, war Anlass für großes Gelächter.

Lassokunst und Einfangen von Kälbern, waren weitere Höhepunkte.

Die Cowboys auf dem Pferd jagten hinter dem Kalb her und fingen es mit dem Lasso ein.

Dann sprangen sie vom Pferd und fesselten dem Kalb die Beine. Das war schon erstaunlich genug. Dass dies aber weniger als 20 Sekunden dauerte, war gewaltig.

Das brauchte ich, um auf ein Pferd zu steigen und in den Sattel zu kommen.

Ein weiterer flacher Hänger, mit acht kostümierten Damen, wurde hereingefahren. Was diese acht Frauen dann auf ihrem Akkordeon darboten, sperrte meinen Mund auf und er blieb in der Stellung stehen.

Country und Western auf eine Art, die süchtig macht. Ein Highlight mitten drin, ungeheuerlich. Ich war so beeindruckt, dass ich meinen Fotoapparat inzwischen sowieso vergessen hatte.

Am Schluss gab es einen Song, der von allen 20.000 Kehlen mitgesungen wurde. Der Tag war ein Erlebnis von größter Nachhaltigkeit.

Mike und ich waren inzwischen richtig gute Freunde geworden und hatten an freien Wochenenden immer etwas vor.

Er zeigte mir, wo L.B. Johnson seine Ranch hatte, in welchem Bett er schlief, wo der Sattel für sein Pferd hing.

Ich konnte nachempfinden, wie Willie Nelson in Luckenbach die Menge aufheizte und an einer 25 m langen Theke das Bier in Strömen floss. Ich lernte, wie man Klapperschlangen aufspürt und sich gleichzeitig vor ihnen schützt.

Ich bekam einen Krampf im Arm, als ich versuchte, an der Pier in Corpus Christi einen Hai an der Angel zu halten. Den Krampf hätte ich ja noch als Preis für einen tollen Fang hinnehmen können, hätte ich das Biest wenigstens gefangen.

Aber ich musste stumm und zähneknirschend akzeptieren, dass der Hai das fingerdicke Stahlseil einfach durchgebissen hatte, samt dem Köder verschlang und anschließend in der Weite des Golfs von Mexiko verschwand.

In den Dünen von Monahan konnte ich miterleben, wie der ständig wandernde Sand alles verschluckte. Einige Gebäude, an wenigen Stellen noch sichtbar, waren letzte Zeugen dafür. Die Dünen waren eine Tagesreise vom Meer entfernt und der Sand war so fein, dass ich ihn noch Tage später zwischen den Gliedern meiner Armbanduhr entfernen musste.

Nach einigen Wochen entschied ich mich, Mike auch einmal einzuladen. Ich wollte mich revanchieren und mich für so viele unvergessliche Erlebnisse bedanken.

In San Antonio gab es ein deutsches Restaurant mit dem „urdeutschen" Namen: >Shilo's<.

Gehört hatte ich den Namen in Deutschland allerdings noch nie.

Vielleicht war es ein Einwanderer, der eine Gaststätte mit Namen „Schicke Lilo" besaß, wer weiß? Deutsche Küche seit 1800 und noch was.

Ich dachte, es würde Mike sicherlich gefallen.

>Shilo's< war bestens dafür geeignet, um ihm einmal ein typisch deutsches Gericht zu präsentieren. Sein Wunsch war es schon lange, aber meine eigene Kochkunst verbot es mir, ihm das anzutun.

Man musste sehr lange vorbestellen. Ich selbst war auch noch nie dort, weil ich mir vornahm, die mexikanische und die texanische Küche auf mich wirken zu lassen, die zweifelsfrei auch einige Elemente der deutschen Einwanderer aufwies.

Ich bestellte also einen Tisch und wir besuchten das Restaurant an einem Abend nach Büroschluss, noch während der Happy Hour. Ich war etwas unaufmerksam und bekam einen kleinen Tisch mitten im Lokal. Sozusagen am Kreuzungspunkt aller Ober.

Wie deprimierend!

Es wäre ja nicht ganz so schlimm, aber da die Ober sehr flink sind, ist man ständig einem leichten, aber dennoch aufdringlichen Luftzug ausgesetzt. Deshalb stand auf unserem Tisch auch keine Kerze.

Wie dem auch sei, Mike wollte unbedingt eine typisch deutsche Erbsensuppe mit Wursteinlage. Er hätte davon schon so viel gehört. Ich wollte es ihm ausreden, aber alle noch so verlockenden Angebote auf der Speisenkarte fanden nicht seine Zustimmung. Er hatte sich vorher festgelegt.

Also bestellte ich zweimal Erbsensuppe mit einer großen Wurst.

Genießen durften wir aber zuerst das obligatorische Glas mit kaltem Wasser, eine Übernahme amerikanischer Kultur. Das musste sein!

Und dann machte ich die Erfahrung, dass über mehrere Generationen hinweg das Eine oder Andere doch verloren ging oder sogar falsch interpretiert wurde.

Unsere Erbsensuppe mit großer Wurst wurde auf ungewöhnliche Weise serviert: ein flacher Teller mit der Wurst und einem Brötchen dazu, daneben ein Suppenlöffel. Dann eine Plastiktasse mit Henkel, in der Größe einer Müslischale, mit Suppe gefüllt und dazu ein kleiner tiefer Teller, in dem wiederum die Tasse stand.

Ich saß vor meinem Gericht, wie ein Eskimo vor einer Frühlingsrolle. Ich schaute zu Mike und war froh, dass er anfing, die Erbsensuppe aus der Tasse in den kleinen tiefen Teller zu befördern. Die Wurst hielt er in der linken Hand und los ging's.

Ich wurde den Verdacht nicht los, dass der gute Mike die Prozedur schon mal erlebte. Ich hoffte, dass er sich dieses Essen nicht wünschte, um mir eine Freude zu machen, auch mal wieder etwas Deutsches zu essen, nachdem wir beim Taco-Place, Burger-King, Waffle House, Kentucky Fried Chicken oder Pizza Hut die Speisenkarte bereits auswendig kannten.

Es dauerte eine Weile, bis Mike mir abnahm, dass die Suppe nur eine Vorspeise war und wir noch eine Rindsroulade bekommen würden. Und die war exzellent. Ich war versöhnt. Damit hatte ich ihn tatsächlich überrascht.

Bevor wir das Restaurant verließen, habe ich Mike noch eine hausgemachte Usinger Wurst geschenkt. Die Wurst gab es am Restaurantausgang an einer Theke zu kaufen.
Er war ganz außer sich, denn eine solche Wurst hätte er sich nie selbst gekauft.
Ich eigentlich auch nicht, denn der Preis hinderte einfach daran. Aber Mike war es mir einfach wert.
Und da ich aus dem Taunus komme, wo es den Ort Usingen gibt und angeblich auch die Wurst gleichen Namens, war ich gespannt.
Ich hätte die harte abgehängte Salami anders genannt, aber was soll's! Mike war glücklich.

Am nächsten Tag hatte ich noch nicht so den richtigen Appetit und entschloss mich, das Frühstück zu überspringen und erst zu Mittag wieder zu essen, dafür etwas ausgiebiger.
Ich dachte dabei ans „Little Rhine Steakhouse", auf der Terrasse direkt am River Walk, mit Blick auf das Freilichttheater. Aber bis dahin war noch der Bürotag zu bewältigen.

***

Meine Fahrt am nächsten Tag, mit dem Bus in die Innenstadt zum Büro, hatte einen etwas komischen Beigeschmack und verdarb mir fast das „Little Rhine Steakhouse".

Ich muss sagen, dass es nicht üblich ist, darüber zu reden, wenn etwas Einmaliges stattfindet und sich dazu eignet, ein Image zu zerstören.

Aber manchmal muss man sich Luft verschaffen und erzählt es doch.

Die Gefahr der Verallgemeinerung ist immer vorhanden, deshalb schon jetzt: Es war eine einmalige Angelegenheit. Aber der Reihe nach.

HOGAN'S HEROES
Ein Vergleich, der mir Sorgen machte

Widmen möchte ich diese Geschichte einem weiteren ganz lieben Kollegen - Roland Rodriguez. Nachdem ich Roland die folgende Story erzählte, schämte er sich etwas über seine Landsfrau.

Sicherlich hatte die junge Mutter aber nie direkten Kontakt zu einem Deutschen, oder überhaupt anderen Ausländern. Ihr fehlte einfach die Vergleichsmöglichkeit.

Anschließend konnten wir über die Geschichte ausgiebig lachen.

Wir machten und fanden sogar einige Witze, die sich in dem Genre abspielten, von dem ich so Unangenehmes zu hören bekam.

*D*onnerstags freute ich mich immer auf den Heimweg im Bus, denn in der Mittagspause ging ich an diesem Tag regelmäßig zum Buchladen, Broad-way/Ecke Houston Street, um mir meine deutsche Illustrierte zu holen. Den Spiegel!

Mit einer Woche Verspätung, aber immerhin, es gab ihn. Ich war einer von drei Käufern! Die anderen beiden hatte ich aber leider nie persönlich getroffen. Vom Beethoven Home war es niemand, das hatte ich herausgefunden.

Und an den Donnerstagen konnte ich so richtig die Nachrichten von Zuhause genießen.

Manchmal habe ich mich so festgelesen, dass ich an meiner Haltestelle Woodlawn Hills vorbei fuhr.

Dann musste ich entweder zurücklaufen oder den Bus in die andere Richtung abwarten.

Bei der unglaublichen Hitze und der hohen Luftfeuchtigkeit war das Fahren in der Regel die bessere Alternative.

Manchmal hatte man schon die Schweißperlen auf der Stirn, wenn man nur den Kopf drehte.

In Downtown San Antonio war es unvergleichlich schlimmer als oben auf der Höhe, wo ich wohnte.

Oben und Höhe ist wohl übertrieben, aber sie machten sich bemerkbar, diese 80 m Höhen-unterschied zu den Woodlawn Hills.

An diesem Donnerstag war ich in meinen Bus eingestiegen und bekam auf der Dreierbank, dicht hinter dem Fahrer, einen Sitzplatz. Das war in der Rushhour nicht oft der Fall.
Eine junge Mutter saß mit ihrem Sohn direkt neben mir. Der Junge musste so etwa acht Jahre alt gewesen sein, denn die Reklame an Gebäuden konnte er bereits lesen.

Mit einem freundlichen „Hi", wie das so Sitte ist, habe ich Platz genommen und gleich angefangen, in meiner Zeitung zu blättern.
 Als erstes hatte ich die Seite 116 aufgeschlagen, um die Berichte der Fussball-Bundesliga zu lesen.
Ich war mit Stolz erfüllt, hatte doch mein Heimatverein Eintracht Frankfurt zum 17. Male hintereinander gesiegt. Welch eine Leistung. Bei der Diva vom Main außergewöhnlich.
Mein Lieblingsverein in San Antonio war das Basketballteam der „Spurs". Sie faszinierten mich und ich besuchte regelmäßig die Heimspiele.
Aber was war das gegen die grandiosen Kicker aus Frankfurt? Eine Diva im Siegestaumel! Allerdings muss ich sagen, dass das nur ironisch gemeint ist.
Ein Vergleich zwischen den Mannschaften war sowieso nicht möglich. Aber die Leistungen der Sportler, bezogen auf ihre Sportart, schon. Und da schnitten die etwas wehleidigen Frankfurter Kicker nicht so besonders ab.

In meiner Konzentration für den Bericht über die Fußballer, der wie Honig runter ging, quiekte der kleine Junge neben mir seine Mutter an.

Zum besseren Verständnis gebe ich die folgende Konversation in Deutsch wieder, bis auf wenige Ausnahmen: „Mami, hat der Mann eine mexikanische Zeitung?"

„Nein Darling, ich glaube das ist eine deutsche!" Eigentlich wollte ich das Rätsel auflösen und mich freundlich einmischen.

Der Junge sollte doch seinen Wissensdurst gestillt bekommen und seinen ersten Kontakt mit einem Deutschen in guter Erinnerung behalten. Ich setzte mich etwas seitlich, um die junge Mutter bei meiner Aufklärungsarbeit ansehen zu können.

Aber die beiden hatten das mitbekommen und taten ganz so, als ob sie nichts gesagt hätten. Sie blickten richtig unbeteiligt und abwesend aus dem gegenüber liegenden Fenster. Ob der Mutter da etwas peinlich war?

Ich konnte mir das gar nicht vorstellen, weil es auch gar nicht die Art der Leute war, die ich bisher kennen lernte. Egal wie, der Junge kam mir zuvor und nahm mir das Wort aus dem Mund.

Er fragte seine Mutter: „Is he german?"
„I guess so, darling!"

Gerade wollte ich die eingetretene Pause wieder nutzen und etwas sagen ...

„Is he like Sergeant Schultz?", fragte der Junge. Da verdrehte die Mutter ihre Augen bis in den äußersten Winkel, um mich „unauffällig" zu mustern.

Ich hatte mittlerweile die alte Sitzposition wieder eingenommen und stellte mich abwesend, so als würde ich überhaupt nichts mitbekommen und las weiter in meiner Zeitung.

„I don't know, may be not", sagte sie dem Sohnemann. Ich musste etwas schlucken. Der Bus hielt und die beiden stiegen aus.

Ich hoffte insgeheim, dass niemand der übrigen Fahrgäste das Gespräch mitbekommen hatte.

Zu allem Übel streckte mir der Bengel noch die Zunge raus, als er schon auf der Strasse stand. Ich hatte das nicht verdient. Das habe ich persönlich genommen. Ich kam mir gebrandmarkt vor, von einer mit Speichel belegten feuchten Kinderzunge.

Ich überlegte nach diesem Erlebnis, ob diese junge Mutter nicht unmissverständlich dem Bengel hätte sagen können, dass ... – na ja, wenigstens, dass ich garantiert nicht wie Sergeant Schultz bin.

Um das aber genau zu belegen, sah ich mir daraufhin „Hogans Heroes" an, nur um sicher zu sein, und stellte erfreut fest, dass ich diesem Soldaten Schultz nicht im Geringsten ähnele.

Sergeant Schultz ist eine Figur in einer TV-Serie, die vom 2. Weltkrieg und den Soldaten handelt. Dieser Kerl war nicht nur fettleibig, sondern schwitzte schon aus Gewohnheit. Ein unangenehmes Bildnis eines Deutschen!

Er bewegte sich wie ein schwerfälliges Walross durch die Serie. Und grenzenlos dümmlich zudem. Dann wäre ich schon lieber der Alm-Öhi aus dem Film Heidi, oder so ...- mir fiel in diesem Moment kein besserer Vergleich ein.

Gesehen hatte ich die Mutter mit ihrem fernsehkundigen Filius nicht wieder. Vielleicht auch ganz gut so. Ich konnte mir nicht vorstellen, dass so ein Fettsack wirklich das Bild eines Deutschen verkörpert!

Da waren sie wieder, die Klischees dieser Welt.

Andere Begegnungen haben die mit dem Bengel schnell wieder vergessen lassen. Dafür hatte ich andere Erfahrungen gemacht, die mir ein besseres Gefühl vermittelten, wie: dass es kein Problem ist, nach einem heftigen Platzregen am Bürgersteig zu stehen, denn die Autos fahren, wenn ein Fußgänger am Straßenrand steht, an den Stellen besonders langsam. Eine Rücksichtnahme, die ich so nicht kenne, jedenfalls nicht in dieser Häufigkeit.

Auch der Einkauf im Supermarkt hatte eine andere Dimension. An den Kassen packten flinke Hände die Ware in große Tüten und brachten sogar alles noch zum Auto.

Als Kunde fühlt man sich gut behandelt, und auch wie ein König, wie es die Werbung allgemein verspricht. Da ist es völlig egal, wer oder was man ist, alle Kunden erhalten den gleichen freundlichen Service.

Und das Ergebnis war, dass man sich selbst unwillkürlich dem Standard näherte und sich ebenso verhielt.

In Deutschland heißt das: Wie man in den Wald rein ruft, so schallt es heraus! Aber da ruft zu selten jemand in den Wald.

EIN HAUCH VON FREIHEIT
Ein Kondolenzbuch im Alamo

Die folgende Story widme ich Edmund Seidel, der übrigens seine Wiege in Baden-Württemberg hatte, aber nur für wenige Tage.

Er erzählte mir viel über Freiheit und Demokratie, mit der er aufgewachsen war.

Die deutsche Sprache erlernte er bei Oma und Opa und natürlich seinen Eltern. In den Krieg nach Europa wurde er nicht geschickt. Sein Einsatzgebiet war der Pazifik.

Aber es gab Kameraden, die auch dort sehr schmerzlich in die Nähe ihrer Wurzeln gerieten.

*B*evor ich am Morgen mein Appartement verließ, hörte ich noch KITY 92, meinen Lieblingssender. Man versprach der Bevölkerung, dass der Tag so heiß werden würde wie der Vortag. Wie heiß, das erklärte der Sprecher auch gleich: „... hatte gestern Ramon Valdez auf dem Dach seines Autos Spiegeleier gebraten, ohne Fett!"

Na, da wird ja heute wieder was auf mich zukommen, dachte ich. Manchmal möchte man schon morgens am liebsten in der Badehose das Haus verlassen. Meine Mittagspausen verbrachte ich fast immer im Park des Alamo, ruhig gelegen, mit schattigen Zonen unter gewaltigen Baumkronen.

Ein künstlicher Wasserlauf, seicht dahinfließend, erinnerte an die Levadas in Madeira. Es war eine schöne Abwechslung im Alltag, denn der Alamo lag nur wenige Minuten vom Büro entfernt.

Jeden Tag war dort etwas los, denn viele Touristen durchstreiften das alte Fort, in dem die Freiheitskämpfer Crocket, Bowie und Travis ihr Lager hatten. Verbarrikadiert bis zum Niedergang.

Das Fort beheimatet die Geschichte des Freiheitskampfes, in mehreren Gebäuden informativ geordnet und unterhaltsam dargestellt.

Die Gedenkstätte für die gefallenen Freiheitskämpfer ist mit den Flaggen der Nationen
bestückt, auch wenn von denen nur ein Soldat
beteiligt war. Drei Deutsche waren ebenso
darunter, wie man es in dem ausgelegten
Kondolenzbuch ersehen konnte.
Ergreifend, dass man jeden einzelnen für seinen
Einsatz ehrte. Ich trug mich natürlich im Buch
der Gedenkstätte ein, wie viele Besucher vor
mir auch.
Wer weiß, vielleicht war ein Vorfahr meiner
weit verzweigten Familie auch am
Freiheitskampf beteiligt. Ob man es nun
glauben mag oder nicht, es hat mich mit Stolz
erfüllt und die Verbundenheit zu den
Amerikanern allgemein verstärkt.

Dies und viele andere geschichtlichen Vorgänge
trugen dazu bei, dass ich rein gefühlsmäßig, San
Antonio und Texas, mehr und mehr als mein
Zuhause betrachtete.
Dies soll nicht etwa heißen, dass ich meine
angestammte Heimat vergessen habe.
Im Gegenteil, denn wo die Wurzeln waren und
wie ich damit umzugehen habe, wurde mir
durch meine Freunde im deutschen Club
eindrucksvoll demonstriert. Im Alamo gab es
also immer was zu betrachten oder zu
bewundern.
So wie diese frechen Blackbirds. Die sehen alle
so aus, als ob sie kein Wässerchen trüben
könnten.

Ihr Gefieder glänzt gegen die Sonne, wie das eines Kolibris oder der schillernden Innenseite einer Muschel. Sehr häufig musste man sich wegducken, wenn sie im Tiefflug einen neuen Sitzplatz ansteuerten. Sie waren, abgesehen von den zutraulichen Eichhörnchen, der Garant für Unterhaltung während meiner Mittagspausen.

Die Lunchpakete der Parkbesucher (brown bags) waren mehr als einmal in Gefahr; natürlich auch meines. Wenn man sie unbeobachtet neben sich auf die Bank legte, sahen das mit Sicherheit Freund Blackbird und die Eichhörnchen. Immer auf dem Sprung, etwas zu klauen.
Die grauen Hörnchen hatten es sogar drauf, in die Jacken- und Hosentaschen zu greifen.
Sie konnten sicher sein, dass ihnen niemand etwas antut. Wenn man regelmäßig zur gleichen Zeit am gleichen Ort aufkreuzte, entstanden sogar Freundschaften zwischen Mensch und Tier. Vermutlich suchten sie sich ihren Lieblingsmenschen aus.
Das Eichhörnchen, das immer zu mir kam, jedenfalls wenn ich im Park war, hatte ein etwas ausgefranstes linkes Ohr.
Der Kampf mit einem Rivalen. Ich nannte es Crocket, wie einen der Helden des Alamo.
Ich hatte mit den Touristen etwas Mitleid, denn die meisten hatten nur ein oder zwei Tage, um den Alamo zu durchstreifen und sich Geschichte einzuverleiben.

Aber das reicht nicht, wenn man es genau nimmt. Ich hatte es in gewisser Weise einfacher und war dankbar dafür.

Durch meine Zeit, es waren bereits vier Monate, bekam ich das Gefühl, dass ich in die gleiche Kategorie eingeordnet werden müsste, wie viele vor und auch nach mir, die ich als Ameropäer bezeichne. Ich verstand die Menschen immer besser, was mich auch in meinem eigenen Verhalten gegenüber anderen stark beeinflusste.

Ich erkannte die sehr menschliche Seite, die ich in diesem fremden und zugleich nicht mehr ganz so fremden Teil der Erde schätzte.

Quer durch das Areal des Alamo bewegt sich träge, wie bereits erwähnt, ein künstlicher Wasserlauf dahin. In einigen Bereichen tummelten sich große Goldfische in den verschiedensten Farbkombinationen. Ich nannte sie Bonsai-Kois. Sie kennen die Stellen genau, wo die Touristen stehen bleiben und Brotkrumen ins Wasser werfen.

Wenn die Fische nach dem Brot schnappten, machten sie blubbernde Schmatzgeräusche, so als schüttele jemand die Hand im Wasser hin und her.

Wie überall in der Welt, so warf man auch hier ein Geldstück über die Schulter ins Wasser, um sich etwas zu wünschen.

Nur hier wurde der Wunsch noch verstärkt, wenn man einen der Fische traf. Die hatten sich übrigens daran gewöhnt, getroffen zu werden.

Jene uralte Art des Glücksspiels, bei dem ein Erfolg, nie oder besser gesagt, irgendwann im Leben eintreten konnte, fasziniert eben. Man musste nur feste dran glauben.

Meine Mittagspause war fast beendet, und ich kramte einen Nickel aus der Tasche. Rüber über die Schulter, schnell umdrehen, sehen ob ein Fisch getroffen wurde und einen Wunsch formulieren.

Bei einem Treffer wäre ich heute ohne Wunsch dagestanden, denn eigentlich hatte ich mir gar keinen überlegt, aber das Problem erledigte sich von selbst.

Ich wollte gerade über die kleine Brücke gehen, als mich ein alter Mann mit Tränen in den Augen ansah. Er musste mich beobachtet haben.

Schweigend blickte er hinunter zu den Fischen, den Hütern von mindestens 10 – 15 US $. Man konnte die Summe nur schätzen. Von Zeit zu Zeit hoben die Offiziellen des Alamo den Schatz, der zur Pflege der Anlage diente. Eine gute Investition, da der Eintritt frei ist und die Verwaltung folglich auf solche Mittel angewiesen war.

„Ich habe leider keine Geldstücke, die ich werfen könnte, sonst träfe ich einen der Fische bestimmt.

Ich würde mir dann wünschen, etwas zum Essen kaufen zu können. Ich habe Hunger", sagte der Alte mit schleppender Stimme.

Da ich ihn vorher nicht bemerkte, konnte es ja sein, dass er sich an mich herangeschlichen hatte. Er machte auf mich jedoch keinen bedrohlichen Eindruck.

Es drehte sich mir der Magen um, hatte ich doch kurz vorher den Rest meines Sandwichs den frechen Blackbirds überlassen.

Ich betrachtete den alten Mann etwas argwöhnisch. Er erinnerte mich an meinen Vater, der vier Jahre zuvor verstarb. Irgendwie sahen diese alten und unrasierten Männer alle gleich aus.

Es wurde mir peinlich und ich blickte ratlos in die Gegend, ohne ein Wort zu sagen. Die rechte Hand des Mannes legte sich ganz sachte auf meine Arme, die ich in instinktiver Abwehrhaltung vor dem Körper verschränkt hielt. Ich war so überrascht, dass ich ihn eine kleine Ewigkeit ansah. Mach jetzt bloß keinen Fehler, alter Mann, überlegte ich. Er wich meinem Blick nicht aus. Unterernährt sah er nicht aus, obwohl der Hosengürtel des Alten noch um weitere vier Löcher zu erweitern ging - meiner nicht.

Eine Familie drängte sich in dem Moment auf der Brücke zwischen uns durch und ich hörte: „Diese Bettler sind aber auch überall!"
Augenblicklich stieg in mir Wut hoch.

Ein Mann, in einem verschwitzten kurzärmeligen Hemd und labberigen Shorts, die gesamte Fototechnik um den Hals gehängt und in der freien Hand noch eine Filmkamera, schob mit seinem fetten Bauch seine Frau und seinen übergewichtigen Sohn vor sich her.

Dieser Mensch maßte sich an, im Vorübergehen ein Urteil abzugeben. Hätte er bloß den Mund gehalten. Sein Gürtel war übrigens nicht mehr erweiterbar. Die Leute kamen aus der Region Österreich - Bayern, jedenfalls der Sprache nach. In meinen momentanen Ärger hinein, streifte mein Blick den leuchtend roten Schriftzug von Woolworth, gegenüber vom Alamo.
Auf einer Tafel stand zu lesen:

TODAYS SPECIAL   99 cts.
Hamburger, Coke and french fries

Irgendwie war mir nicht nach Unterhaltung und Diskussion, also tat ich so, als würde ich kein Englisch können, und ihn nicht verstehen. Wir wechselten kein einziges Wort. Eigentlich Blödsinn, ich kann es aber nicht erklären.
Ich nahm den alten Herrn am Arm und ging mit ihm über die Straße zu Woolworth. Bei der flinken Bedienung bestellte ich den heutigen „Special" und zahlte.
Der Alte legte seine knorrigen Hände aufs Gesicht.

Die Finger konnte er nicht einmal strecken. Wie ein Rechen zog er die Finger von der Stirn bis zum Kinn über das Gesicht. Unter dem rechten Auge hinterließ er dabei einen glänzenden Streifen. Eine verwischte Träne?

Ergreifend an der ganzen Sache war, dass das dunkelhäutige Mädchen hinter dem Tresen merkte, für wen die Bestellung gedacht war. Mit einem entwaffnenden Lächeln bediente sie den Herrn, und sie füllte die Tüte mit den Pommes voller, als es üblich war.

Langsam erneuerten sich die bereits getrockneten Tränen des Alten und liefen über sein Gesicht.

Ich sprach mit ihm noch immer kein Wort. Nicht, dass ich nicht wollte, ich konnte einfach nicht.

Auf dem Weg zurück ins Büro war ich ganz stolz, dass ich jemandem eine Freude machte und glaubte zu spüren, jeder auf der Strasse wusste das und würde mich deshalb so bewundernd anlächeln.

Dabei kostete mich diese faszinierende Erfahrung noch nicht einmal 1 US $.

Ich habe den Alten später nicht mehr wieder-getroffen, auch nicht im Park des Alamo bei den Fischen, die noch immer blubbernde Schmatz-geräusche verursachten.

Nach dem Erlebnis mit dem Alten war auch meine Mittagspause vorbei. Am Nachmittag rief mich Don Seffel, ein Mitglied des Beethoven-chores, im Büro an.

Er lud mich zu einer Party auf seine Ranch ein. Er und seine Frau Ruby würden sich freuen, wenn ich dabei wäre. Ich sagte erfreut zu, erstens war ich noch nicht auf seiner Ranch, zweitens mochte ich die beiden, die seit vielen Jahren dem Chor ihre Stimmen liehen.

Die Ranch lag etwas außerhalb von San Antonio, so etwa eine knappe Autostunde entfernt.

„Steak und baked potatoes – bis du platzt!", sagte er und lachte laut dabei.

TRADITIONEN UND VERGNÜGEN
Salut für eine Herzensangelegenheit

Ruby und Don Seffel, so bodenständig wie die Helden einer Wild-West Serie im TV, widme ich die folgende Story. Rancher aus Passion und Gastgeber wie aus dem Bilderbuch.
Ihre Steaks und Stories vor dem Barbecue Grill vermisse ich schmerzlich. Danke für die wunderbare Freundschaft!

*A*uf diese Veranstaltung freute ich mich ganz besonders. Ruby und Don waren ein ganz reizendes Farmerehepaar, denen, trotz der schweren Arbeit auf der Ranch, keine Mühe zu groß war. Immer wieder luden sie gern Freunde zum Barbecue ein.

Da die Vorfahren von Ruby und Don aus Deutschland kamen, pflegten sie inbrünstig die deutsche Kultur und das Liedgut, das sie von den Großeltern überliefert bekamen. Für Unbekanntes waren sie sehr empfänglich und nahmen es freudig auf, um es als verlorenes Wurzelwerk zu pflegen und es wieder zur Blüte zu bringen. Sie meinten es ernst mit der Herkunft und seiner Bedeutung.
Auf der anderen Seite waren sie patriotische Amerikaner. Die besagte Party fand am 4. Juli statt.
Der Zufahrtsweg zu Ruby und Don war so lang, ich glaubte schon, ich hätte mich verfahren.
Von der Hauptstrasse aus war es noch über eine Meile bis zu ihrem Wohnhaus. Ich zog mit meinem Wagen eine riesige Staubwolke hinter mir her, obwohl ich so langsam wie möglich fuhr.

Vor dem Haus wehten, wie bei fast allen Veranstaltungen, der Lone Star und Stars and Stripes einträchtig nebeneinander im Wind.

Neben dem Hauseingang wehte die Flagge in Schwarz-Rot-Gold. Ein Gruß an mich und an die Herkunft der meisten der Gäste, die an dem Tag geladen waren.

Es gab die größten Steaks, die ich bis dahin gesehen hatte und ich musste wieder einmal eingestehen, dass man zu feiern verstand und ausgelassen sein konnte wie Kinder. An dem Tag war Freude pur angesagt und das Programm lag genau fest.

Ich fragte mich, weshalb fast alle Gäste mit Gewehr oder Revolver auftauchten. Bei einigen klemmte das Gewehr hinter den Sitzen an der Rückwand ihres Trucks.

Da ich vorher noch nie auf einer Ranch-Party war, nahm ich das als normal und gegeben hin. Es war wohl Tradition, davon ging ich aus.

Zwei riesige gelbe Sandwolken zogen in der Ferne über die Büsche und bewegten sich in unsere Richtung.

Es erinnerte mich an Wildwestfilme, wenn gezeigt wurde, dass in der Ferne schnelle Reiter unterwegs waren und irgendeine Gefahr heraufzog. Auf zwei Motorrädern kamen die letzten Gäste. Keine Gefahr, es waren die Söhne von Ruby und Don.

Don lief nun geschäftig von einem zum anderen Gast, nur ich wurde dabei übergangen.

Es machte mir zwar nichts aus, aber man beginnt nachzudenken und bleibt etwas abseits. Ist man vielleicht nur ein Höflichkeitsgast?

Aber die Situation war eine ganz andere, das stellte sich schnell heraus. Einige liefen sofort los und holten ihre Gewehre aus den Autos.

Ich hatte natürlich keines mit dabei, das war auch der Grund, warum Don mich ausgelassen hatte.

Auf einen Wink von Ruby hin versammelten sich alle vor den gehissten Flaggen und stellten sich im Halbkreis auf.

Die Gewehre im Anschlag, gen Himmel gerichtet. Nun sangen sie die US-Hymne und gaben anschließend einen Schuss ab.

Der 4. Juli ist Nationalfeiertag der USA. Ich hätte es wissen müssen, kam aber nicht drauf, obwohl es ein Montag war und das Büro geschlossen. Da alles so neu und aufregend war, hatte ich das einfach vergessen.

Die anwesenden Mitglieder des Beethovenchors sangen die Hymne ebenso hingebungsvoll wie die deutschen Volkslieder.

Ich stellte mir vor, dass wir Zuhause am 17. Juni eine Party veranstalten, die Hymne singen und ...- insgeheim musste ich lachen - lieber nicht! Ich war nicht einmal sicher, ob dann überhaupt einer kommen würde.

Eine solche Tradition kenne ich nicht, jedenfalls nicht im privaten Bereich, im Garten hinterm Haus. Solche nationalen Gefühle hatte man uns über Jahrzehnte ausgetrieben. Aber das ist ein anderes Thema.

Es war ein heißer und schöner Tag bei Ruby und Don.

Vom Morgen bis in den Abend grillen, feiern, spielen und ein bisschen Sport auf einem abgelegenen Teil der Ranch. Schießen mit der Elefantenbüchse! Don besaß ein solches Ungetüm von Gewehr.

Gegen Abend packte er ein paar Interessierte auf die Ladefläche seines Pickup-Trucks, um seinen Rindern irgendwo draußen Salzblöcke zu bringen. Seine Tiere würde er nie vergessen.

An einer größeren freien Stelle hielten wir an und er begann mit eigenartigen Lauten nach den Rindern zu rufen.

Dabei schlug er mit der Handfläche gegen die Innenseiten der Bordwände seines Trucks.

Und tatsächlich, nach einiger Zeit kamen die ersten Tiere durch die Büsche.

Ein Rind nach dem anderen, Schritt für Schritt, ganz gemächlich. Nachdem sie alle am Salzblock geleckt hatten und wir dringend dorthin mussten, wo die Rinder herkamen, weil Bier ja nun mal treibt.

Dann kam einer auf die Idee, die trockenen Kuhfladen als Diskus zu benutzen.

Jeder suchte sich von den reichlich vorhandenen und trockenen Fladen seinen Favoriten. Der Cowshit-Contest konnte beginnen.

Plötzlich hielt jemand eine Klapperschlange hoch. Mir fuhr der Schreck in die Glieder, aber sie war schon tot. Ein Rind musste ihr auf den Kopf getreten sein. Aber die Rassel war als Trophäe noch zu gebrauchen.

Unser Gejohle und Gelache hatte die Rinder überhaupt nicht beeindruckt.

Einige der Kuhfladen waren schon beim Flug durch die Luft zerbröselt. Der weiteste Wurf wurde damit belohnt, dass der Sieger als Beifahrer vorn im Truck sitzen durfte. Das spornte an, zu siegen.

Denn schon auf der Fahrt vom Wohnhaus weg hatte Don uns ganz schön durchgerüttelt. Die meisten von uns hatten blaue Flecken am Hintern. Ich durfte wieder auf der Ladefläche mitfahren.

Als wir ankamen, sprang Don aus seinem Pickup und rief so laut er konnte: „Ihr Shitkicker, los geht's, wir wollen noch zum Tanz!"

„Wohin soll's denn gehen?", fragte ich neugierig.

„Ein kleines bisschen nach außerhalb – zum Linedance im Buffalo am Loop 410!"

Ein bisschen außerhalb – das hieß in Texas so etwa 50-80 Km Entfernung. Egal, alle waren einverstanden und sprangen kurz darauf eilig in ihre Autos und auf die Motorräder.

Die Frauen drückten uns noch gefüllte Körbe in die Hand, um sie auf die Autos zu verteilen.

Auf meine Frage, ob die Tanzveranstaltung mit einem Picknick verbunden sei, antwortete mir Don:

„Linedance ist eine Tanzveranstaltung in einer Halle. Eine Band mietet sich ein und macht Musik.

Für zwei Dollar kann jeder rein. Service ist nicht vorhanden, also bringt jeder etwas für sich mit. Es gibt außer dem großen Tanzraum nur noch Toiletten. Sitzgelegenheiten sind spärlich vorhanden und viele bringen sogar noch ihre Klappstühle mit.
Unsere Verpflegung und die Getränke sind in den Körben, die Ruby mit ihren Freundinnen schon vorbereitet hatte!"

Chips und Dips, Bier, Whiskey, Wein und Coke. Die Kühltaschen waren voll.
Es wurde ein phantastischer Abend. Zum Buffalo waren es nur 12 Meilen, also erträglich. An einem Tisch zu sitzen war fast nicht möglich, da hatte Don Recht. Die ganze Halle war eine Zimmermannsarbeit der Extraklasse. Fachwerk überall. Da schlug mein Herz höher.
Unsere Getränke standen auf irgendwelchen Balken, die hier und da auch zum Sitzen genutzt wurden.
Die Disziplin war trotz der unübersichtlichen Masse erstaunlich. Es ging nichts zu Bruch und es fehlte auch nichts. Im Gegenteil, es schien alles allen zu gehören.
Keiner störte sich daran, wenn mal ein Anderer von den eigenen Chips knabberte. Man kannte sich irgendwie von irgendwo. Und wenn nicht, war es eben ab da der Fall.
Meine Freunde reihten sich und mich in die gewaltige Menge wogender Menschen mit ein. Beim Tanz musste ich mich führen lassen.

Da sich mindestens 10 Männer und Frauen in einer Reihe vorwärts, seitwärts und rückwärts bewegten, fiel es gar nicht auf, dass ich die Schritte nicht beherrschte.

Es war eine ausgelassene Stimmung, und ab und zu verließen Tänzer die Reihe, andere nahmen dafür deren Platz ein.

Plötzlich zwängte sich eine kleine nette Frau an meine Seite und hakte sich bei mir ein.

Sie musste wohl bemerkt haben, dass ich diese Gruppenbewegung nicht so beherrschte und nahm sich meiner an.

Sie führte mich so toll, dass ich glaubte, die Regeln des Tanzes seien das Einfachste der Welt. Wir lächelten uns einfach nur an.

Mit etwas Druck am Arm, gab meine „Tanzlehrerin" leise Kommandos, und plötzlich klappte Linedance. Das dachte ich jedenfalls, denn ohne den Führungsdruck war ich sofort wieder der blutige Anfänger.

... zur Seite, Step nach vorn, Step nach hinten, Klatschen und drehen, Schritt zurück, plötzlich wieder nach vorn, Beine schwingen, Spitze-Hacke-vor- zurück, drehen und klatschen ..., eine Prozedur, die schwindlig macht, wenn man nicht die Reihenfolge beherrscht.

Meine Freunde waren längst in anderen Tanzreihen verschwunden und aktiv. Es war Riesenstimmung nonstop.

Ich tanzte inzwischen eine Stunde und kannte noch nicht einmal den Namen der Frau neben mir.

Aber das änderte sich im Laufe des Abends sehr schnell. Sie hieß Sharon und sprach sogar etwas Deutsch.

Die Erklärung dafür lieferte sie, als sie mir ihren Geburtsnamen nannte – Fellman. Ihr Vater war Nachkomme von Einwanderern aus der Gegend um Köln.

Das vererbt sich wohl, denn ihre Art erinnerte an die Frauen in Köln beim Altweiberfasching, frech – fröhlich – frei und ungezwungen.

Ihr Mann Charles war irgendwo in der wogenden Masse. Wir unterhielten uns prächtig und eine tolle Tänzerin war Sharon obendrein.

**

Mein Freundeskreis war inzwischen beträchtlich angewachsen und ich hatte bereits Probleme, mal ganz für mich allein zu sein.

Meine Freunde fühlten sich verpflichtet, sich um mich einsamen Menschen zu kümmern.

Aber da war mir mein Hobby zu Hilfe gekommen. Der Tennissport. Dafür sagte ich schon mal das eine oder andere Treffen ab, was auch ohne Probleme akzeptiert wurde.

Nur Sharon, meiner Tänzerin, konnte ich nichts abschlagen – beim Tennis war sie dann die Anfängerin, aber sie versuchte es und ich versuchte, ihr etwas beizubringen.

Mit mäßigem Erfolg, dafür waren die Trainings-einheiten zu selten.

Sie war einfach reizend und brachte manchmal ihre drei Kinder, ohne die sie fast nichts unternahm, zu Veranstaltungen oder Treffen mit. Zu Darrel, Cheryl und Karen gesellte sich noch Ehemann Charles.

Ich wurde nach und nach in eine wunderbare Familie integriert. Da gab es sogar Wochen-enden, die wir gemeinsam auf einem Campground verbrachten.

Mein Familienanschluss brachte mir viel Spaß, und meine Meinung über den Amerikaner an sich bekam eine völlig neue Grundlage. Und die war überaus positiv.

„ALLE KATZEN RAUS"
Die Freunde aus meiner Sicht ...

L. K. Travis gebührt nicht nur mein Dank, weil er mein Chef war, sondern auch mein Respekt. Begeistert erzählte er aus seiner Jugendzeit, die er oft mit und bei seiner deutschen Oma verbrachte.
Deshalb möchte ich ihm die folgende Story widmen.

*E*s war ein netter Abend mit viel Unterhaltung und angestrengten Versuchen, der deutschen Sprache in einigen Begriffen mächtig zu werden.
Ganz besonders deshalb, weil Gastgeber Chuck beabsichtigte, einmal München zu besuchen.
Natürlich auch Österreich, weil es „bedrohlich" nahe an Bayern liegt, wie er sich scherzhaft ausdrückte.
Die Eltern seiner Frau Karin wanderten aus der Steiermark nach Texas aus, als Karin elf Jahre alt war.
Da ich dazu neige, allem ein gewisses Maß an Übertreibung beizugeben, was mit Bayern oder Österreich, also unseren Bergvölkern, zu tun hat, erklärte ich Chuck meine und der Deutschen Hassliebe zu den Krachledernen.
Das ist in etwa vergleichbar mit dem Verhältnis zwischen Texanern und den New Yorkern. Ein bisschen eigen und abgesetzt von allem.

Chucks Frau hatte während der Unterhaltung fast Heimweh bekommen.

Sie träumte vom gurgelnden Bach hinterm Haus in der Steiermark, von Käse auf der Alm und vielleicht von einem Heurigen.

So wie auch Chuck, der aus so viel zusammengewürfelten Völkern zu bestehen schien. Beide hatten von allem etwas und waren äußerst sympathisch.

Das fängt damit an, dass Chuck den Namen Sueltenfuss trägt. Seine Großmutter war Dänin und sein Großvater irgendwo aus Schlesien. An seine Mutter wurde er erinnert, wenn er den sich hartnäckig haltenden Ausspruch: „Something is rotten in Denmark", zu hören bekam.

„Wir sind schon auf dem Mond gelandet – ich kenne Herrn Wernher von Braun."

Da lässt sich der Stolz der Amerikaner blicken, aber mir scheint, im Innersten sind sie halbe Amerikaner und gleichzeitig halbe Europäer.

Der Amerikaner ist wie das Pendel seiner so geliebten Standuhr. Bei dem ständigen Hin und Her ist es nicht einfach, die Mitte zu finden, wenn nicht irgendwann das Pendel endlich in der Senkrechten stehen bleibt.

Aber das Pendel kommt nicht zur Ruhe, es schwingt seit Generationen und bekommt immer wieder neuen Schwung.

Zum Beispiel durch Heirat der Soldaten in Übersee und der Söhne und Töchter, die daraus hervorgehen.

Die Seele des Amerikaners wird unaufhaltsam, wieder und immer wieder in Bewegung gehalten, und schwingt und schwingt und schwingt ...!

Auch wenn einige das Herkunftsland der nächsten Verwandten noch nie gesehen haben, macht es sie stolz, ein Teil dieser „exotischen" Länder zu sein. Und einer dieser stolzen Leute war ebenfalls auf Chucks toller Party.

L.K. Travis war nicht nur mein Chef, bei dem ich meinen Job zu erledigen hatte, sondern auch ein ganz toller Mensch. Wir mochten uns von Anfang an, ohne dass ich auch nur ein Wort mit ihm in Englisch reden konnte.

„Learning by doing", war seine Devise, mit der er absolut Recht hatte. Und ein bisschen Geduld gehört auch dazu. Aber die wurde im Büro lächelnd von allen aufgebracht.

An diesem Abend nutzte er die Gelegenheit, um seine sprachlichen Kenntnisse an den Mann zu bringen. Mit einem Leuchten in den Augen und freudig erregter Stimme, begleitete ein stolzes Lächeln seinen Ausspruch: „Alle Katzen raus!"

L.K. entschuldigte sich sofort mit einem breiten Grinsen, dass er nicht noch mehr auf Deutsch könne.

Er bedauerte, dass in seiner Familie nicht die deutsche Sprache gefördert wurde, weil nur die Oma es noch konnte.

Es war alles sehr mühevoll, da es in der Nachbarschaft nur Leute aus Polen und Griechenland gab.

Als er noch ein kleiner Junge war, neben weiteren fünf Geschwistern, wurden sie von der Oma immer aus der Küche verjagt, bevor sie Unheil anrichten konnten.

Dann rief die Oma immer laut: „Alle Katzen raus!"

L.K. konnte sich ausschütten vor Lachen, seine mageren Deutschkenntnisse an den Mann gebracht zu haben. Richtig rührend. Man merkte ihm an, dass es ihn schmerzte, nicht mehr Deutsch zu können.

Ich fragte in die Runde, ob es jemanden interessiere, wie ich die Situation des Amerikaners sehe, aus meiner Sicht und der Erfahrung aus ein paar Monaten in Texas.

Es schien so interessant zu sein, dass sich alle hinsetzten und gespannt die Augen auf mich richteten. Das hatte ich so nicht erwartet.

Jetzt wusste ich erst nicht, wie ich anfangen sollte, denn einen Text hatte ich mir gar nicht zurechtgelegt. Es war einfach spontan. Ich sagte das einfach so in den blauen Dunst, weil ich in Gesichter blickte, die vom schwarzen Kontinent, von Indianern und Chinesen, aber auch von Mexikanern abstammten.

Und natürlich waren es auch viele europäische Gesichtszüge, die ich dabei entdeckte.

Ich überlegte, wie ich anfangen könnte und suchte nach einem Einstieg. Da kam mir der Zufall zu Hilfe. Chucks Frau hatte den kleinen Wecker gestellt, um zu hören, wann der Apfelkuchen im Backofen fertig ist. Der meldete sich nun lautstark. Das war wie ein Signal für mich.

„Ich möchte vorausschicken, dass es meine eigene Meinung darstellt und sonst nichts", erklärte ich schon mal entschuldigend meinen Gastgebern", und legte los.

„Nehmen wir einfach einen gewöhnlichen Harry aus einem Wohnviertel einer Kleinstadt in Texas, zwischen Padre Island und dem Big Bend Nationalpark, vielleicht mit einer langen Straße Namens Broadway, Nr. 1256."

L.K. musste lachen, denn ich hatte die Adresse des Büros genannt.

„Auf dem Grundstück eine Garage mit einem Basketballkorb über dem Tor, ein Kinderfahrrad auf dem Rasen vorm Treppenaufgang und Girlanden an den vier Rundsäulen, die den Balkonvorbau an der Eingangsseite stützen.
Auf der einen Seite eine Hollywoodschaukel, in der die kleine Tochter liegt und eingeschlafen ist.

Auf der anderen ein kleiner Tisch mit zwei Korbstühlen und einigen großen Keramiktöpfen, mit gewaltigen Oleanderbüschen drin. Plötzlich schnellt eine Zunge nach vorn durch die Blüten. Sie gehört einem Chamäleon, einem sehr zahmen Mitbewohner, den niemand so richtig beachtet.

Neben der Eingangstür eine amerikanische und eine schwedische Flagge, denn es ist Besuch aus Sundsvall gekommen.

Noch etwas verkatert von der Wiedersehensfeier, mit schwedischer „Krabbsoppa med Sherry", natürlich mit Königskrabben aus dem Golf von Mexiko zubereitet, werden die Gäste und alle übrigen Langschläfer aus dem Bett geklingelt. Von einem Wecker, Made in Suisse.

Nur der Hausherr ist bereits zum Joggen unterwegs, in Adidas Wohlfühlschuhen aus Herzogenaurach im beschaulichen Bayern, dem Süden von Deutschland.

Der Gast aus Schweden wacht in seiner Bettwäsche aus Korea auf, blickt an die Wand und erinnert sich sofort an den vergangenen Abend, denn da erzählte man aus Kindertagen.

Oma und Opa waren damals bei einer Julklappfeier für die Ewigkeit abgelichtet worden und prangen in einem schönen Rahmen an der Wand.

Die Blüte eines schwedischen Blümchens klebt, in der unteren rechten Ecke des Rahmens, gepresst hinter dem Glas.

Das Frühstück hat Harry mit seiner Frau, die den Kaffee schon mit Zeitschaltuhr am Vorabend vorbereitete, längst hinter sich.
Das nächste BBQ ist schon per Telefon mit Freunden vereinbart, denn es ist St. Patricks Day. Und da verstehen die vielen Menschen und andere Grünanbeter, die aus Irland stammen, keinen Spaß, da muss etwas ganz Besonderes passieren.
Harrys Frau Lisa trägt derweil einen besonders schönen Morgenmantel von Dior, dem Tag angemessen in grün, auch wenn sie nicht aus Irland stammt. Rein aus Solidarität, ein Kompliment an die „grünen" Nachbarn.

Und wenn das Oktoberfest losgeht, wird das Dirndl aus dem Schrank geholt. Zu allen Gelegenheiten ist die richtige Kleidung vorhanden.
Die Lockenwickler im Haar stammen von der Firma Siemens und putzen die Gastgeberin besonders heraus, bevor der erste Gast die Füße verschlafen Richtung Bad lenkt.
Wenn der dann zum Frühstück erscheint, wundert er sich nicht selten, wie Harrys Frau so früh am Morgen schon so fröhlich sein kann und so hergerichtet, wie wenn sie ins Theater wollte.

*Da kommt bei Mitteleuropäern die Frage auf:
Ist sie überhaupt schon im Bett gewesen?*

*Der Kaffee duftet durchs Haus, die Toaste sind
fertig, die Rolls und Rührei stehen auf dem
Tisch.*
*Nur der Bacon ist noch in der Pfanne und
brutzelt leise vor sich hin. Er muss warm und
knackig frisch auf den Teller kommen.*
*Harry, ganz der rührende Gastgeber, sorgte
bereits für den Tagesablauf seiner Gäste.*
*Er hat im Voraus einen Plan gezeichnet, wie
man wo und am Schnellsten an die Plätze
gelangt, die ein Besucher unbedingt sehen
sollte. Der angenehme Guide für den Gast, mit
persönlichen Anmerkungen.*
*Der Stolz, etwas vorzuweisen, ist sehr
ausgeprägt. Man möchte vor den Freunden,
teils Besitzer von Häusern aus dem 16.
Jahrhundert, komplett mit Bad und allem
Komfort ausgestattet, nicht ganz so einfallslos
dastehen.*
*Ausgiebig geduscht macht Harry sich fertig,
ins Büro zu gehen. Gut duften möchte er auch,
also nimmt er „la France" in Anspruch.*
*Damit sein Parfüm auch auf glatter und
geschmeidiger Haut haftet, hat er vorher einen
Rasierapparat der Firma Braun aus Old
Germany benutzt.*
*Die Frühnachrichten, die Harry sich ansieht,
kommen natürlich aus einem Fernseher von
der japanischen Insel.*

Harry hat, wie die meisten Amerikaner, nicht gleich Urlaub genommen, weil sich Gäste anmeldeten, sondern verlässt halt mal ein bisschen früher das Büro.

Um seinen Arbeitsplatz bei einer arabischen Bank anzutreten, fährt er, nach dem Willen des staatlichen Energieprogramms, einen Kleinwagen aus Wolfsburg in Deutschland.

Wenn er dann den richtigen Sender im Autoradio von Grundig eingestellt hat, begleitet ihn mexikanische Folklore zum Büro.

Der Van für die Familie steht für besondere Zwecke in der Garage oder der Hausfrau zur Verfügung. Und der demonstriert die Größe Amerikas. Irgendwo müssen die großen braunen Tüten vom nahen Supermarkt, so groß wie Koffer für eine Woche Ferien in den Bergen, ja untergebracht werden.

Harry, schon längst im Büro, trägt Unterwäsche aus Israel und Socken aus Taiwan.

Die Schuhe, weil er ordentlich aussehen will, kommen aus Italien. Der sandfarbene Anzug aus England. Darunter natürlich ein Hemd aus dem Hause Benetton oder Esterel.

Einige tanzen da aus der Reihe und tragen etwas von JC Penny, die aber in Korea fertigen lassen. Die Krawatte besorgte ihm Lisa, da weiß er nicht genau, wo die herkommt.

Welche Tragik, die Tür zum Bankgebäude öffnet ihm ausgerechnet ein Puertoricaner.

Und will man, dass er auch weiterhin so freundlich diesen Dienst versieht, grüßt man mit „Buenos dias".

Und ab da wird dann nur noch arabisches Geld, als Dollarnoten getarnt, verwaltet und gezählt. Mittagessen geht man im „Lotus Garden", wo nette und liebreizende Chinesinnen das Mahl servieren.
Es ist ein kleines Arbeitsessen, da Geschäfts- leute aus Luxemburg zu Besuch sind.

Der lustige Glückskeks bringt verlorene Fröh- lichkeit zurück, weil das Geschäft noch nicht ganz in trockenen Tüchern ist - aber leider auch Krümel auf den hellen Anzug. Gottlob keine Flecken.
Im Büro wird Harry dem Chef erzählen, dass es ein ausgesprochen gutes Meeting war. Super gelaufen. Später wird sich herausstellen, dass es wiederholt werden muss.
Man hatte ganz in Gedanken aneinander vorbeigeredet, weil die Spurs einen supertollen Center in die Mannschaft aufgenommen haben. Einen Europäer mit einem unaussprechlichen Namen. Also wurde der einfach in „Beanpole" umgetauft. Und den kannte natürlich jeder.
Was sind alberne Geldgeschäfte gegen diese Techniker unterm Korb? Aber dann werden Ergebnisse erzielt, knallhart und für beide Seiten sehr zufrieden stellend.

Ein Handschlag besiegelt die Geschäftsver-
bindung, die nur gelöst wird, sollte eine der
Parteien sterben.

Wenn Harry dann abends in sein Heim zurück-
kehrt, begrüßt ihn an der Tür der liebste
Vierbeiner, den man sich vorstellen kann. Der
deutsche Schäferhund mit Namen „Mr.
Jederman", ein Wunsch seiner österreichischen
Frau.

Und dann beginnt der Feierabend für Harry.
Seine Frau zeigt ihm die neuen Bilder der
Tochter, die mit der japanischen Kamera
gemacht wurden.

Im großen Backofen duftet bereits die Pizza
Quattro Formaggi, die mit den vier Sorten
Käse. Das Töchterchen ist ganz verrückt
danach und Harrys Frau, die sich den meisten
Kochgepflogenheiten in den USA angepasst
hat, macht das weniger Arbeit.

Nebenbei darf Harry den Lieblingswein seiner
Frau öffnen, einen weißen Traminer aus der
Steiermark. Aber das ist Harry egal.
Hauptsache, es ist nicht ein Blue Nunn, wie er
beim Supermarkt HEB angeboten wird.

Rotweine, die Lisa besonders schätzt, kann
man allerdings in Österreich nicht finden, die
tragen dann den Namen Bordeaux oder Rioja.
Manchmal, wenn seine liebreizende Gattin
große Lust hatte, etwas Eigenes auf den Tisch
zu zaubern, leuchten Harrys Augen.

Seine Lisa bittet ihn mit ihrem österreichischen Akzent, den er so an ihr liebt, zum Essen.

Es gibt ein echtes amerikanisches Steak mit Chips und viel Ketchup.

Was Harry allerdings nicht überlegte ist, dass dieses Steak an Kühen wächst, die früher einmal aus Europa eingeführt wurden. Sie tragen den wohlklingenden Namen „Holsteiner".

Nun hat er das Bedürfnis abzuschalten und liest ein bisschen von und über Goethe. Einen Bildband über Leonardo da Vinci hatte er vor einigen Tagen erst wieder in den Schrank gelegt.

Bei Goethes Gedichtsammlung „West-Östlicher Diwan" krächzt ausgerechnet der Kuckuck im Nebenzimmer.

Harry hängt an dieser Kuckucksuhr, die der Vater unter widrigen Umständen in Deutschland gerettet hatte und nach dem Krieg mitbrachte. Und traumwandlerisch sicher, wie es des Kuckucks Art ist, hat er sich in das richtige Nest gesetzt. Er wird gehegt und gepflegt.

Auch Lisa mag die Uhr, erinnert es sie doch etwas an die hohe Schnitzkunst in Österreich.

Derart verinternationalisiert kommt Harry ins Grübeln, nippt am Weinglas, schiebt die restlichen Chips in den Mund und schließt für einen Moment die Augen.

Da geht die Tür auf und seine schwedischen Gäste kommen von der Tagestour zurück, die er so toll für sie ausgearbeitet hatte.

Sie erzählten von den wundervollen Dingen, die sie gesehen haben und ohne die detaillierte Zeichnung von Harry sicher nicht gefunden hätten.

Und im Shopping-Center gab es sogar Sachen aus Schweden zu kaufen. Die Gäste waren erstaunt und gleichzeitig voller Freude über die Entdeckung.

„Oh, ist das ein Zufall, dass ihr ausgerechnet etwas aus Schweden entdeckt habt", war die Antwort von Harrys Frau.

„So weit von der Heimat und dann das", sagte die Freundin aus Schweden.

„Wir kommen uns überhaupt nicht fremd vor in den Staaten und die Amerikaner sind so nett und hilfsbereit", ergänzte sie und fuhr gleich fort: „Kommt man in ein Geschäft, steht schon jemand neben einem und erklärt, auf Teufel komm raus, alle um ihn umherstehenden Artikel. Plötzlich hat man den Wunsch etwas zu kaufen, obwohl man nur mal schauen wollte.

Wie wenn es uns im Gesicht gestanden hätte, errät der Verkäufer unseren Wunsch und sagt: Ist das nicht ein schöner Kissenbezug?"

„Wir sind stolz auf unsere Internationalität und freuen uns, dass ihr euch bei uns so wohl fühlt", entgegnete Harry.

„Was haltet ihr denn davon, wenn wir heute Abend essen gehen? Im Restaurant Old Lausanne, mit Spezialitäten aus der Schweiz?"
„Das ist ja super – hopp Schwyz, auf geht's."
Fast alle Amerikaner haben Wurzeln in Europa. Eigentlich sind sie Ameropäer."

Damit schloss ich meine eigene Betrachtung. Irgendwie hatte ich eine heftige Reaktion erwartet, egal wie, aber sie blieb aus. Schweigen.
Plötzlich sagte doch jemand etwas: „My God, that's completely me. He talked about my family!"

Alle lachten und schlugen sich auf ihre Schenkel. Dieser Abend beim Barbecue in Chucks Haus wird mir lange im Gedächtnis bleiben.
Auch und gerade deshalb, weil L.K. aus lauter Freude, bei allen möglichen Gelegenheiten, soweit sie zur Situation passten, immer wieder sagte: „Alle Katzen raus!"
Es wurde der „Running gag" an diesem Abend.

***

Eine tolle Zeit und Spaß hatte ich in San Antonio auch aus anderen Gründen. Dann nämlich, wenn sich Besuch bei mir anmeldete, und extra über den Teich geflogen kam, um nach mir zu sehen.

Und dabei konnte ich mich ertappen, dass ich genauso handelte, wie meine Freunde in Texas, die mir etwas bieten wollten.

Ich führte meine Gäste mit Stolz durch die Gegend, als wenn ich ihnen meine Heimat zeigen würde. Dabei war ich auch nur Gast.

Aber wer hinter die Kulissen schaut, findet als sensibler Beobachter überall Parallelen, die er von Zuhause her kennt.

Wenn zum Beispiel groß über dem Eingang das Wort Kindergarten prangt oder im Büro vom Hinterland gesprochen wird.

Oder wenn Hummelfiguren und Schwarzbrot in einem Laden nebeneinander im Regal stehen.

MEINE BESUCHER
AUS DER „ALTEN WELT"

Die folgenden Geschichten widme ich mit großer Freude meinen Besuchern.

Erst meiner Mutter und meiner Schwester, die beide nie aus Deutschland herausgekommen waren, und am Hemisfair Plaza die besten Pommes Frites ihres Lebens bekamen – sagten sie jedenfalls.

Von den Festlichkeiten im Beethoven Home konnten beide gar nicht genug bekommen und hatten so viele Freunde gefunden, dass sie gar nicht wieder nach Hause wollten.

Weiterhin meinem lieben Freund Jürgen, einem der mich in der Einsamkeit der texanischen Trockenheit besuchte, und mit mir ein paar Bierchen (Pitcher) am River Walk leerte. So viel zur texanischen Trockenheit.

Die Geschichte mit dem Hui-Stick, und der Holländerin im „Dirty Nelly", zählte zu den Highlights.

Und natürlich Inge und Jo, die unbedingt ihren 10. Hochzeitstag bei mir verbringen wollten.

Außerdem hatten wir Mexiko City unsicher gemacht und die Rache Montezumas kennen gelernt. In New Orleans wurden wir zu „Jazz-Hoppers", denn wir rannten von einem Lokal ins andere.

*Auf der einen Seite der Burbonstreet runter,
auf der anderen wieder hoch.*
Sehr gern erinnere ich mich an diese Zeit.

Linsensuppe nachts um eins ....

*F*reude bereitete mir die Nachricht, dass mich
Mutter und Schwester zusammen besuchen
wollten. Im April war es dann soweit.

Da ich von meinen Freunden im Büro bereits
erfuhr, dass es die Zeit der Stürme und starken
Regenfälle sein könnte, änderte es nichts an der
Tatsache, dass Mutter und Schwester kommen
sollten. Dass ich nur nach Feierabend und an
den Wochenenden für sie zur Verfügung
stünde, machte ihnen nichts aus.

Vor ihrer Ankunft in San Antonio zitterte ich
etwas, denn das mit dem möglichen
stürmischen Wetter bewahrheitete sich
dramatisch.

Als wir uns am Airport begrüßten, war der
Himmel schon etwas schwarz eingefärbt.

Am späten Abend konnten wir erleben, wie das
ist, wenn Tornados und andere Winde ihr
Unwesen treiben.

Der einsetzende Regen war so stark, dass es wie
ein Wasserfall über die Dachrinne schwappte,
man konnte nicht hindurch sehen. Es sah aus
wie ein Glaskettenvorhang.

Das Rauschen wurde noch verstärkt durch ganz tief fliegende Flugzeuge, die bei dem Wetter noch zu landen versuchten oder sogar landen mussten.

Hinter den hell erleuchteten kleinen Fenstern konnte man die Passagiere erkennen.

Meine Muter und auch die Schwester hatten solche Angst, dass sie die Nacht nicht schlafen konnten. Ich bemühte mich dagegen, Haltung zu bewahren, aber das gelang nur mit viel Mühe.

Am Morgen war der herrlichste Sonnenschein und es war, als ob überhaupt nichts geschehen wäre. In den Nachrichten von KITY 92 allerdings, hörte es sich anders an.

Der River trat über die Ufer und Teile der Innenstadt hatten Hochwasser gemeldet. Mit einigen Umleitungen kam ich aber ins Büro. Am Abend hatten die Feuerwehr und auch andere Helfer wieder soweit alles im Griff.

Wir hatten eine schöne Zeit, und Mutter wie Schwester einige Erlebnisse, die besonders mich in Staunen versetzten. Wenn ich aus dem Büro kam, hatten die beiden recht viel zu erzählen.

Im Schallplattenladen kaufte meine Schwester ihre Lieblingsplatte, die sie im Radio mehrmals am Tag hörte (*die Werbung hat doch einen Sinn*).

Es war „When I need you" von Leo Sayers. Wenn nicht bei KITY 92, lief die Platte auf meinem Plattenspieler.

Dass Mutter und Schwester fast jeden zweiten Tag zum Hemisfair Plaza gingen, hatte mich etwas gewundert. Da sie in der Innenstadt immer zu Fuß unterwegs waren, hatten sie sich einen kleinen Imbisstand als Ausgangspunkt und Ruhezone gewählt.
Von dort konnten sie andere Sehenswürdigkeiten besuchen. Dann kam meine Schwester mit der Erklärung, warum sie immer wieder zur Mittagszeit dort auftauchten.
„Wir essen immer beim Koreaner Pommes Frites. Mama findet die dort besonders lecker. Die besten, die sie je gegessen hat!"
Als ich den überaus netten und charmanten Koreaner kennen lernte, der diese Wunderpommes in der Friteuse bereitete, war mir das klar.
Er sprach etwas Deutsch und machte den beiden kräftig Komplimente, die wie Sekt-Trüffel-Pralinen wirkten. Da schmeckten dann auch gewöhnliche Pommes Frites wie Sahnetorte. Außerdem erklärte er ihnen alles und gab wichtige Tipps für den Tag.

Mit Essen hatte auch eine andere Begebenheit zu tun. Meine Mutter fragte mich, was ich mir mal wünschen würde, weil sie gern etwas kochen möchte.

Ich musste nicht lange überlegen, denn ich hatte Heißhunger auf eine hausgemachte Linsensuppe.

Ich freute mich schon den ganzen Tag darauf und konnte an dem Tag gar nicht schnell genug das Büro verlassen. Aber – nichts war's mit Linsensuppe.

„Was ist denn los? Ich dachte, es gibt Linsensuppe?"

„Na ja, wir hatten auch einen großen Topf voll gekocht", sagte meine Mutter.

„Und? warum ist keine da?"

„Deine Nachbarin - und deine Vermieterin - wollten mal probieren!

Sie steckten die Köpfe durch die Tür und ich sagte nicht nein!"

„Ich kann es mir vorstellen", sagte ich, „denn die sahen alle ganz hungrig aus, und da reichte es nicht für alle!"

„Wir machen morgen noch mal eine Suppe! Bei HEB haben sie ganz tolle Linsen."

„Und die haben davon so viel, die verkaufen sie sogar", sagte ich etwas zynisch und war eigentlich ziemlich enttäuscht.

Am nächsten Morgen sagte meine Nachbarin zu mir im Bus, als sie mit mir in die Innenstadt fuhr: „Wir wussten alle nicht, dass man Linsen so lecker zubereiten kann!"

Das allerdings zerstörte meine Enttäuschung wieder, und machte mich ganz stolz.

Bei Dirty Nelly –
zwischen Erdnüssen
und Huiiii-Stick

Genau erinnern kann ich mich an ein langes Wochenende, an dem ich zusammen mit einem Freund aus Deutschland seinen Geburtstag feierte. Leider war es nicht lang genug.
Jürgen konnte den Besuch mit beruflichen Terminen verbinden und ich freute mich, nach vielen Monaten wieder jemanden zu treffen, der aus dem Freundeskreis kam und vieles erzählen konnte.
Zumal er von anderen Freunden Grüße mitbrachte.
Wie die von der „Duddelmarie" aus Wehrheim und ihrem Rechtsverdreher. Aber das konnten wir belachen, denn das war ein freundschaftliches Kompliment. Wenn er gesagt hätte: „Viele Grüße von Inge und Jo", hätte das einen faden Beigeschmack gehabt, und ich hätte mir Sorgen machen müssen.
Jürgen und ich richteten es so ein, dass wir immer genügend im „Tee" hatten und schliefen in meinem Appartement den Schlaf der Gerechten.
Und gerecht waren wir immer - am meisten zu uns. Es war eine kurze, aber sinnvolle Vorbereitung, wenn wir uns am Abend für den River fein machten, denn es gab unheimlich viel zu sehen und zu erleben.

Der Samstag war an Aktivität nicht mehr zu überbieten, nachdem wir im „Little Rhine Steakhouse", direkt am River, unser „kleines" Steak mit etwas Salat gegessen hatten.

Die laue texanische trockene Luft und der permanente Durst trieben uns von einem Pitcher zum nächsten.

Im Kangaroo Court, einem sehr gepflegten und sauberen Restaurant, was ja schon dem Namen Court geschuldet wird, sahen wir auf der anderen Seite des Rivers einen Platz, der seinen Namen für genau das Gegenteil benutzte. „Dirty Nelly". Reine Opposition, waren wir der Meinung.

Aber das wollten wir überprüfen, denn die Pitcher wären sicher gespült, bevor sie wieder gefüllt wurden.

Dann erblickten wir das Schild Guinness – das versprach ein großes Glas mit schwarzer Tunke. Keinen Pitcher.

Über die Brücke liefen wir noch ziemlich flink und flüssig. Es war ja auch erst 23 Uhr und mit 27°C auch noch auszuhalten.

Da treiben die Angaben in Fahrenheit, weil sie viel höher sind (86°) und an kochendes Wasser erinnern, eher die Schweißperlen auf die Stirn.

Im „Dirty Nelly" war es noch um einige Grad wärmer, denn der Laden war brechend voll.

Und schon der erste Schritt in die gute Stube machte uns stutzig, denn es knackte und knirschte.

Der Fußboden war übersät von leeren Hülsen der Erdnüsse, die im Pub in großen Tonnen zum Verzehr an jeder Ecke standen. Mir kam die Tonne in Erinnerung, die Mike mir mitgebracht und mit Pecannüssen gefüllte hatte. Aber die Schalen entsorgte ich nicht auf dem Boden meines Appartements.

„Dirty Nelly", kein Wunder. Aber wo ist diese Frau, diese Nelly, wenn auch etwas dirty? Von anderen Nellys gab es genügend, und die Stimmung schwappte uns aus jedem Winkel entgegen.
In einem Irish Pub singt man automatisch mit, wenn am Klavier einer ein Lied anstimmt. Als Dauergast kann man die irischen Folkslieder bald auswendig. „My wild Irish Rose" oder "When Irish eyes are smiling" oder "Sweet Rosie O'Grady", waren bald keine böhmischen Dörfer mehr.
An der Bar kamen wir schnell mit anderen Irland- und „Dirty Nelly" Fans ins Gespräch.
Ganz besonders nett konnten wir uns mit einer Holländerin unterhalten. Die amerikanischen Gäste sahen uns ziemlich ungläubig an. Denn Antje sprach Holländisch und wir Deutsch.
Aber verstanden hatten wir uns prächtig.
Eine Weile später fragte der Barkeeper, weil er fast vor Neugier kein Bier mehr zapfen konnte, weshalb wir uns mit zwei unterschiedlichen Sprachen unterhielten und uns trotzdem verstünden.

Aber im Suff geht das wohl alles, meinte er. Er fühlte sich etwas auf den Arm genommen.

Dann bewiesen wir ihm aber das Gegenteil. Und unser holländisches Meisje amüsierte sich mit uns. Sie sagte zum Barkeeper in Englisch, was sie uns auf Holländisch fragen würde. Wir bestätigten ihm dann ihre Frage in Englisch.

Das war für ihn zu hoch. „Crazy Germans!" Wundern konnten wir uns über seine Bemerkung nicht, war er doch Engländer. Etwas später machten wir den guten Mann völlig konfus, als wir unseren „Hui-Stick" auspackten. Ein Vierkant-Holzstäbchen mit vielen Kerben auf einer Ecke und einem kleinen Propeller im Hirnholz.

Mit einem runden Stäbchen rieben wir über die Kerben hin und her und der Propeller drehte sich rechts herum. Wenn dann der staunende Keeper „Huiiiii" sagen musste, stoppte der kleine Propeller und drehte sich links herum. Immer unter Reibung des runden Hölzchens über die Kerben. Das ging eine lange Zeit so.

Als der Barkeeper genervt das Hölzchen nahm und es selbst versuchte und „Huiiiii" rief, aber der Propeller nicht reagierte, war er fertig.

Sein ständiges und verzweifeltest „Huiiii – huiiii – huiii" machte andere Bargäste aufmerksam, und sie lachten ihn bald aus, weil wir es besser konnten und immer wieder demonstrieren mussten.

Am gleichen Abend sollten wir ihm ein solches Gerät an der Bar basteln. Von Guinness zu Guinness, suchten wir nach Materialien und fanden diese schließlich im Lager. Dort, wo das ganze River-Strandgut eingelagert schien, gab es etwas Passendes und auch Werkzeug dazu.

Wir erklärten ihm dann den Trick, aber erst nach langen Versuchen und Erklärungen bekam er es hin. Auf dem Heimweg konnten wir uns über diesen „Hui-Stick" ausschütten vor Lachen, wenn wir uns dabei das Gesicht des Barkeepers vorstellten.

Der verwirrende Hui-Stick

Als ich später mal wieder im „Dirty Nelly" war, kamen Leute rein und fragten den Barkeeper nach dem Huiii-Stick.

150

Mein Besuch verließ mich nach dem Wochenende wieder, mit der Bemerkung: „Bei euch war es toll, ein gelungener Geburtstag. Danke!"

Ich glaube, dass Jürgen das „euch" benutzte, ohne darüber nachzudenken. Vielleicht würde ich es in Deutschland, nach einer Feier unter Freunden in Gesellschaft, aber auch benutzen.

Zwischen Lone Star, Marguerita, Teotihuacan und Jazz

Jürgen war nicht der einzige Besucher bei mir, denn auch meine besten Freunde konnten sich nicht zurückhalten. Ihren 10. Hochzeitstag wollten Inge und Joachim unbedingt in der Fremde, also bei mir, verbringen und feiern.

John und Carola, Freunde aus dem Beethoven Home, hatten sich mit uns einige Ausflüge in die texanischen Nächte geleistet.

Tanzen im „Mai-Tai Club" am River. Isabelle, meine Nachbarin, erklärte sich bereit, an einem Abend mitzugehen. Ich wollte nicht das fünfte Rad am Wagen sein und war froh, dass Isabelle nicht zu müde war.

Nach mehreren Margueritas tanzten wir sogar auf dem dicken Teppich zwischen den Tischen, weil wir in dem schummrigen Licht nicht mehr die kleine Tanzfläche fanden.

Das mit dem schummrigen Licht hatte dann ein jähes Ende gefunden, denn der Aufschrei von Joachim: „Alle stehen bleiben, Licht machen, mein winziger Blitzlichtadapter für meine Leica ist mir auf den Boden gefallen!"
Ein kleiner Adapter im hohen blauen Teppich. Wunderbar.
Als der Manager das Licht anknipste, gab es fast eine Panik, denn wir tanzten ja, in der wie gesagt schwachen Beleuchtung, nicht allein.
Wir waren schon mit zwei Bedienungen gemeinsam auf den Knien und krochen auf allen Vieren über den Teppich.
Eine Bedienung kam und fragte: „Ist Ihnen schlecht? Wir haben hinten einen Ruheraum für Gäste!"
Alle wollten schon aufgeben, rief plötzlich Carola ganz laut: „I got that damned little thing. Will you put it back in, Jo?"

In dem Moment kamen neue Gäste ins Mai-Tai, standen vor uns, die wir noch auf den Knien lagen und einer sagte: „Hey, did we miss something? Do you have a new game, folks?"

Lachen wollte niemand so recht, denn ohne diesen Adapter hätte Joachim ein echtes Problem gehabt. Beim Fotografieren!
Das Licht wurde wieder auf den Gästebedarf reduziert und alles konnte gemütlich weitergehen.

Mit Mai-Tai Spezial und Margueritas. Isabelle war standhaft und ahnte wohl schon zu Beginn, wie das ausgehen würde. Sie trank keinen Alkohol. Sie brachte uns heil wieder in mein Appartement.

Der 10. Hochzeitstag am 2. September. Meine Freunde bekamen von mir ein Frühstück präsentiert, aber das war nicht die einzige Überraschung an dem Tag. Da es ein Freitag war, stand uns das ganze Wochenende bevor und eine Menge an Möglichkeiten, die Zeit mit Höhepunkten zu bestücken.

Da meine Freunde vom Beethoven Home nicht nur gut singen konnten, sondern auch feiern, waren sie eingeladen, bei der Feier für meine Freunde am Abend, dabei zu sein. Es machte es leicht, viele Leute einzuladen, denn alle sorgten dafür, dass es eine tolle Überraschung wurde.

In den USA ist derjenige, der Geburtstag oder sonst eine Feier vor sich hat, nicht der Einladende, sondern wird eingeladen. Eine schöne Geste und für sich allein schon ein Geschenk.

Die Überraschung war geglückt und es wurde ausgiebig getanzt, gespeist und getrunken.

Die Ankündigung für die Gäste, dass ein Hochzeitstag gefeiert würde, war nur für das Paar selbst eine Überraschung. Der unter Beifall der Gesellschaft getanzte Wiener Walzer war eine logische Konsequenz.

Die Feier fand in der Lone Star-Brauerei statt, die auch eine Attraktion bot, nämlich die Buckhorn Hall of Horns. Eine der größten und schönsten Sammlungen von Tieren die Hörner tragen.

Die Bemerkung eines Gastes, der hörte, dass meine Freunde den 10. Hochzeitstag feiern, war so nebenbei: „Da ist der arme Mann ja an der richtigen Stelle gelandet. Seine Frau traut sich was!" Einen Kommentar wollte ich an dem besonders schönen Abend dazu nicht abgeben.

Ich hatte mir für meine Freunde eine Woche frei genommen und wir machten uns auf den Weg in ein Abenteuer, von dem ich selbst nicht wusste, wie das ausgehen würde. Auch für mich Neuland und spannend, denn wir fuhren mit dem Greyhound an die Grenze nach Laredo, um in den Zug nach Mexiko City zu steigen.

Dass wir uns ein bisschen einstimmen konnten, um auch das scharfe Essen zu überstehen, saßen wir am Abend vor dem Trip im „Pico de Gallo", einem tollen mexikanischen Restaurant in San Antonio. Nachos, Tacos, Tortillas, Burritos und andere scharfe Sachen. Uns juckten am anderen Morgen noch die Mundwinkel.

Im Bahnhof von Laredo, auf mexikanischer Seite, mussten wir etwa zwei Stunden in dem kleinen stickigen Wartesaal – besser Warteräumchen - zubringen.

Wir bekamen warme Cola und Bier, das sich nicht besonders aufdrängte, nachdem wir es versucht hatten. Warm und ohne Geschmack. Also Cola!

Vor dem Bahnhof saßen auf der Treppenanlage andere Reisende, die auch auf den Zug ins Landesinnere warteten. Sie spielten mit dem Wertvollsten was sie besaßen, mit kleinen aber kampflustigen Hähnen. Die Sporen an den Füßen waren sicher verpackt, damit sie ihren Besitzer nicht verletzen konnten.

Die Menschen am und um den Bahnhof musterten uns, als kämen wir von einem anderen Stern. Etwas unangenehm, und Inge fühlte sich besonders bedroht. Für sie ganz entsetzlich und gar nicht lustig war, dass es kein Klo gab. Cola treibt!

Endlich ging die Zeit rum und wir konnten mit unseren Gepäckstücken den Zug besteigen. Eine Fahrt von etwa 24 Stunden stand uns bevor.

In unseren Schlafwagen wollten wir aber noch nicht, denn es war Tag und die Sonne schien heftig.

Also wählten wir für die ersten Stunden den gemütlichen Speisewagen, und einen Tisch mit weißen Tischdecken und gelangweiltem Servicepersonal, weil außer uns kein Gast zu sehen war.

Es war für mexikanische Verhältnisse einfach zu teuer - und mit dem Kampfhahn im Arm sicher nicht gestattet, Platz zu nehmen.

Nach einiger Zeit mussten wir uns die Beine etwas vertreten und gingen auf die offene Plattform am Ende des Zuges, wenige Schritte von unserem Abteil. Es war inzwischen bereits dunkel geworden.
Wir hatten nicht allein die Idee, denn eine Mexikanerin und ihr englischer Freund waren schon dort. Wir kamen ins Gespräch und entschieden sehr schnell, dass wir uns erstens alle sympathisch waren und zweitens die neue Freundschaft begießen sollten.

Unsere Schlafabteile sollten uns erst sehr spät wieder zu sehen bekommen. Ich habe nie wieder in meinem Leben so viel Tequila getrunken, Salz und Zitrone gelutscht. Mein Handrücken war richtig wund gelutscht. Ich kann nicht sagen wie viel leere Flaschen wir nach hinten in die Nacht und zwischen die Kakteen geworfen hatten, die uns, vom Mond angeleuchtet, wie stumme Bewacher bis in den frühen Morgen begleiteten.
Die zerplatzenden Flaschen hatten wir nicht mehr hören können.
Nur das Heulen der Kojoten war in der Nacht, neben dem wackelnden und mit 140 Kilometern in der Stunde dahinrasenden Zug, das einzige Geräusch.

Unsere mexikanische Freundin ging irgendwann in der Nacht zu ihrem Abteil, weil sie ihren Freund vermisste. Plötzlich rief sie uns laut und zeigte uns, mit Bauchweh vor Lachen, ihren Freund splitternackt in seinem Bett liegend.

Der nächste Morgen war fürchterlich, weil der Kopf nicht durch die Tür passte. Aber Joachim stieg in Potosi, dem einzigen Stopp auf der Strecke, aus dem Zug und ging allein in die Stadt.

Er muss wohl mit dem Restalkohol im Blut gedacht haben, wir wären am Ziel. Er hatte unsere Pässe dabei und seinen Koffer mit seinen Pfeifen.

Die 20 Minuten Aufenthalt in der Einöde ließen, trotz unerträglicher Hitze, Inge und mir das Blut in den Adern gefrieren.

Die grüne Kelle war schon gehoben, da stürzte Jo auf den Bahnsteig und fragte, weshalb wir nicht nachgekommen wären. Die Kirche vorm Bahnhof wäre sehr schön gewesen. Jo war der einzige von uns allen, der eine Kirche in Potosi von innen sah.

Mexiko City war ein Erlebnis der besonderen Art. Das könnte ein Kapitel werden, das sich über weitere 100 Seiten erstrecken dürfte.

Aber einige Details hatten einen so großen Erlebniswert, dass ihnen Erwähnung gebührt.

Unsere Freunde aus dem Zug hatten noch einige Stunden Aufenthalt, die sie mit uns in der Hauptstadt verbrachten.

Da war der große Markt genau das Richtige.

Es wurde einiges geboten - Stände mit Obst, das wir in Deutschland nur aus Magazinen kannten und Gemüse, das uns manchmal nicht ganz geheuer war.

Kleine Garküchen, in denen Gerichte schmorten, deren Maisgeruch alles andere überlagerte.

Lange Zuckerrohrstangen lagen gestapelt in einer viel zu kleinen Ladenbucht. Es sah aus wie das Materiallager eines Stabhochspringers. Ein Mann schob die Stangen durch eine Presse, und der Saft wurde in einer Tonne aufgefangen.

Pappbecher gingen über die Ladentheke, und der Andrang war enorm. Nur Joachim stellte sich mit in die Reihe der „Süchtigen", um diese etwas milchige Flüssigkeit zu probieren.

Ein Taxi brachte uns wohlbehalten zu den Pyramiden von Teotihuacan. Und darüber waren wir sehr dankbar. Großer Dank an die Heilige von Guadalupe, denn das Taxi, ein alter Buckelkäfer (VW), hatte den Beifahrersitz ausgebaut und dafür an der Stelle ein Loch, durch das die Straße zu erkennen war.

Die Pyramiden waren mehr als steil, aber wir mussten da einfach hoch. Wann kommt man im Leben schon mal zu einer solchen Gelegenheit?

Nur nach unten mussten wir in Serpentinen gehen, denn die Trittbreite der Stufen betrug nur 15 bis 20 cm. Anders ließ sich die „Falllinie" nicht bewältigen.

„Sunken Garden", die etwas verlorene Wohngegend, durchzogen von langsam dahin fließenden Kanälen durchzogen, durchkreuzten wir mit Booten, die zum Teil mit Blumen geschmückten Gestellen überbaut waren.

Der Mann im Heck des Bootes stakte uns geduldig durch die Kanäle, auf denen Händler Gemüse und Obst, aber auch Gegrilltes, von ihren Booten aus anboten. Wir konnten uns angesichts der von Millionen Fliegen befallenen Fleischstücke gerade noch zurück halten.
Ein etwas gepflegteres Taxi brachte uns zur Guadalupe, der Wallfahrtskirche, die jeder Mexikaner bestaunt, besser gesagt „bekrochen" haben sollte. Es tat weh zu sehen, wie alte Frauen, die bereits wegen Gelenkproblemen mit dem Laufen so ihre Schwierigkeiten hatten, auf den Knien über den Platz zur Kirche rutschten.
Der Glaube macht's möglich! Am Zugang zur Kirche konnten sie dann beides nicht mehr. Schmerzen im Rücken und die Knie blutig.

Ein bisschen angenehmer war der Abend auf der Plaza Garibaldi. Auch da die Luft von Mais geschwängert, aber daran hatten wir uns schon fast gewöhnt.

Das Abendessen in einem kleinen peruanischen Restaurant, in dem es anschließend sehr musikalisch wurde, war ganz vorzüglich. Alle Gäste erhielten ein Instrument, das nicht unbedingt Vorkenntnisse im Musizieren verlangte, denn sie waren nur für den Rhythmus gedacht - und für genügend Lautstärke.

Sambarasseln, Tamburine, waschbrettartige Rundhölzer, Kastagnetten, Triangel und und und!

Singen konnten wir in der Landessprache zwar nicht, aber „Lalala" half enorm. Nach fröhlichen Anfängen kam aber das blanke Entsetzen, und die Stimme war auch weg.

In einer Ecke des Lokals brannte es lichterloh. Die Flucht und das Gekreische der Leute waren nun die Musik zum Geschehen. Wir hatten den Abend und alles andere gut überstanden – so dachten wir jedenfalls.

In der Nacht erwischte uns dann Montezumas Rache. Allerdings nur Inge und mich, denn Jo schlief den Schlaf der Gerechten. Er hatte als einziger von uns Schnaps getrunken. Ob es das war, was geholfen hat?

Die weiteren Tage waren ebenfalls mit viel Abenteuer verbunden, und schließlich saßen wir wieder im Zug nach Laredo.

Gesund, aber unendlich müde. Wir verließen kaum unser Schlafabteil.

Vor ihrer Abreise aus San Antonio fragte Inge mich, was sie mir noch Gutes tun könnten.

Ich entschied mich für einen Vorrat an Linsensuppe, den ich portionsweise ins Gefrierfach stellte.

Das war eine gute Entscheidung, denn meine Nachbarn kamen einige Tage später und fragten, ob es nicht mal wieder eine leckere Linsensuppe geben könnte.

Dank Inge war eine Einladung an meine Nachbarn keine große Hürde. Der Dank aller war mir sicher.

***

Eines Tages klopfte es an meine Appartementtür. Ich füllte gerade meine große Flasche mit Orangensaftextrakt, als Isabelle bei mir auftauchte.

Da wir uns schon lange nicht mehr gesehen hatten, wurde es eine innige Begrüßung. Sie hatte viel zu erzählen und sagte, dass sie der ältere Freund nicht mehr besuchen käme.

Er war verstorben, und ich ließ es bei einer Beileidsbekundung, ohne weiter darauf einzugehen, denn Isabelle machte nicht den Eindruck, dass sie darüber reden wollte. Wir aßen etwas zu Abend und verabredeten, an einem Wochenende gemeinsam etwas zu unternehmen. Da die vielen Campgrounds und Recreation-Parks sehr attraktiv sind, suchten wir Pedernales Falls aus.

Nicht zu weit weg, und bei schönem Wetter eine wundervolle Gegend mit hohem Freizeitwert. Aber wann war mal nicht schönes Wetter?

PEDERNALES FALLS
Rutschige Felsformationen

Den folgenden Beitrag kann ich eigentlich niemandem widmen, es sei denn, es gibt jemanden über uns, der meinen Dank akzeptiert, einfach annimmt und an viele Liebende weiterleitet.
Es wurde ein Wochenende der Über- raschungen, und einem überaus angenehmen Wohlfühlklima. Vielleicht dachte Isabelle genauso und hat die Sache gesehen wie ich.

Wie erwartet, war es schon sehr früh sehr warm. Vom Campground waren es noch etwa 10 Minuten zu Fuß, um die Pedernales Falls zu erreichen. Ich hatte keine Ahnung, was mich dort erwartete. Vorbereitet war ich nur dahingehend, dass Isabelle sagte, ich solle mich mit einer Badehose bewaffnen.

Aber da gab es sowieso nie ein Problem, denn viele Leute, dazu gehörte auch ich, gingen einfach so ins Wasser, mit dem was sie gerade am Leib trugen.

Fünf Minuten später war es alles wieder trocken.

Der kleine Spaziergang endete oberhalb der Falls auf einer Wiese. Wir legten unsere Decke aus, ich stellte die Kühltasche ab und stand da mit weit offenen Augen.

Die Ausmaße der vor mir liegenden Falls beeindruckten mich nun doch, obwohl ich Superlativen inzwischen schon als normal empfand.

Ich sah zu Isabelle, und ihre glänzenden Augen verrieten, dass sie sich freute, mich überrascht zu haben. Sie hatte sich inzwischen umgezogen und stand schon im Bikini, dazu mit einem Seidentuch um die Hüften, neben mir.

„Waren die Pedernales Falls nicht eine gute Idee?"

Sie zog mich am Arm, um ihr zu folgen. Es war nur ein kurzer Weg, nach unten zum Wasser der Falls.

Nun muss man einfach sagen, dass man beim Wort Falls denkt, dass sich ein hoher Wasserfall vor einem aufbaut. Hier war das anders.

Die Gegend hatte etwas ganz Besonderes zu bieten. Naturbecken und riesige Steinformationen, abgestuft auf drei Ebenen, über die das kristallklare Wasser mit ganz geringem Gefälle zu Tal strömte.

Die glatten Felsblöcke, von denen manche die Ausmaße eines Basketball-Felds hatten, wurden von der Sonne aufgeheizt.

Das Wasser, das sich schwach fließend über die Steinblöcke wälzte, wurde von den erhitzten Steinen erwärmt und wenn man sich drauflegte, wurde der Körper angenehm umspült.

Zwischen den Felsen befanden sich Wannen verschiedener Größe und Tiefe. Und diese Wannen waren alle, von der obersten Stufe bis unten, zwischen den Steinformationen versteckt.

Eine Situation, die bei jedem die Phantasie anregen musste. Ich konnte mich auch nicht davon frei machen, außerdem lächelte Isabelle so vielsagend.

Die Sonne brannte vom Himmel, als ob sie die Welt austrocknen wollte. Sie trieb uns Perlen auf die Haut, die in kleinen Rinnsalen am Körper abwärts tänzelten.

Eine der Wannen zwischen den Felsformationen suchten wir zum Baden aus. Da immer wieder frisches Wasser nachlief, war es angenehm und erfrischend.

Wir waren allein und weit weg von irgendwelchen Leuten. Etwa 100 Meter weiter links rutschten einige Leute auf den Felsen nach unten, aber die störten weder uns noch wir sie. Isabelle genoss die kleine Zweisamkeit in Einsamkeit und war sehr zärtlich eingestimmt.

Es war zwecklos, sich dagegen zu stemmen, denn der Moment bestimmte die Gefühle und Gedanken.

Nach vielleicht einer knappen halben Stunde, die wir in der Wanne verbrachten, tauchten wir kurz unter, um uns abzukühlen. Als Isabelle auftauchte, sah sie ganz anders aus, denn ihre langen Haare, vorher kunstvoll hochgesteckt, legten sich bis zu den Ellbogen über ihren Körper.

Normalerweise ist das nicht das Ideal, eine Frau mit langen nassen Haaren, aber Isabelle sah in dem Moment aus wie ein Engel. Ich musste sie einfach in den Arm nehmen.

Wir glitten auf der unteren Felsrutsche in die unterste große Wanne, hielten uns an den Händen und genossen die 30 Meter bergab, obwohl wir danach ein paar Schritte bergan zu unserem Liegeplatz gehen mussten. Ich nahm Isabelle hoch und trug sie zu unserem Liegeplatz.

Auf der ausgebreiteten Decke eröffneten wir unser Picknick. Geredet haben wir nichts.

Sie hatte kleine Streifen Käse von einem großen Stück abgeschnitten. Außerdem gab es Erdbeeren in einer Schale, die wiederum in einer größeren Schale mit Eiswürfeln stand. Ananasscheiben legte Isabelle auf einem großen Teller aus.

Die Sandwichs wären für später, wie sie sagte. Ein überaus gesundes Picknick, mit dem vielen Obst. Der Tagestemperatur aber auch angemessen.

Mit einem Ananasstück im Mund ist Isabelle auf mich zugekommen und hat mir die andere Hälfte in den Mund geschoben. Immer näher sind wir Mund an Mund geraten.

So genüsslich hatte ich noch nie eine Ananas gegessen und solch einen süßen Kuss hatte ich auch lange nicht.

Wir lagen nebeneinander, aßen Käse und Obst und redeten über Gott und die Welt. Isabelles Haut glänzte in der Sonne. Ihre Nähe und meine Gefühle betäubten mich. Ich sah Isabelle an und in ihren Augen konnte ich erkennen, dass sie nach mir rief.

Wir umarmten uns, und die wohlige Wärme unserer Körper entspannte uns völlig.

Das restliche Obst, die Sandwichs und sogar noch ein kühles Bier, an das Isabelle dachte und es einpackte, waren für uns wie ein Festessen.

Zufrieden schloss ich für einen Moment die Augen, um die letzten Stunden an mir vorbeiziehen zu lassen, in denen ich das Glück greifen konnte.

Erschrocken öffnete ich meine Augen, als Isabelle mich etwas rüttelte.

„Hey, du warst eingeschlafen! Warum passiert dir das immer bei mir?"

„Hat das vielleicht mit Zufriedenheit zu tun, wenn du in meiner Nähe bist?" Isabelle lächelte nur.

Der Schatten, unter dem ich gelegen hatte, war weitergewandert und meine Beine waren der prallen Sonne ausgesetzt.

Isabelle stand vor mir, mit einer Klapperschlange in der Hand und Falten auf der Stirn. Ich stand, wie von der Tarantel gestochen, augenblicklich aufrecht und taumelte einen Schritt rückwärts.

Der plötzliche Anblick einer Klapperschlange wird mich immer wieder erschrecken, und wenn ich noch Jahre in Texas zubringen würde, da war ich sicher.

„Die lag nicht weit von unserem Wagen. Sie wurde vom Servicepersonal wohl mit dem Rasenmäher erwischt."

FLOWER PARADE
Ein Stetson gegen zu viel Sonne

Meine Freundschaft zu Sharon und ihrer Familie war gefestigt und die vielen gemeinsamen Ausflüge brachten mich in Gegenden, die einem Drei-Wochen-Tourist meist verborgen blieben.
Aber auch in San Antonio selbst gab es viel zu erleben.

*E*in Erlebnis ist die jährliche „Flower Parade", bei der die ganze Stadt auf den Beinen scheint.
Auch die Politik hat an dem Tag das Rathaus geschlossen, denn die Bürgermeisterin (damals war es Leila Cockrell), war bei der Parade mit dabei. Sharon auch, mit einer Quarterhorse-Reiterstaffel, so dachte ich wenigstens.

Ich wusste nicht, wo ich mich noch hätte verbergen können, denn die Sonne knallte erbarmungslos vom Himmel. Kein Schatten weit und breit, alle kühleren Plätze waren besetzt und das schon zwei Stunden vor Beginn der San Antonio „Flower Parade".
Zufällig drehte ich den Kopf zu JOSKES, einem großen Kaufhaus in der Nähe des Alamo. Große Hüte hingen da im Schaufenster. Das ist die Lösung, dachte ich, und mein Weg zu JOSKES war nur die logische Konsequenz.

Ich verließ den Laden mit einem Stetson, sündhaft teuer obendrein, aber irgendwann hätte ich ihn sowieso gekauft.

Die „Flower Parade" war bereits in vollem Gange. Man soll es nicht glauben, aber als ich den Laden verlassen hatte, machten mehrere Leute, direkt an der Strasse, ihre Sitzplätze frei – und sogar einige, die im Schatten lagen.

Ich konnte sitzen, allerdings in der Sonne, aber ich hatte ja eine gute Kopfbedeckung. Und ich saß sogar direkt in greifbarer Nähe zu den Akteuren.

Mit Blumen geschmückte Wagen und Mädchen in phantasievollen Kostümen waren ein Augenschmaus.

Musikgruppen und stolze Mexikaner auf ihren geschmückten Pferden, sogar gewaltige Zuchtbullen der Longhornrasse trabten geduldig dicht an mir vorbei. Die Hitze machte auch denen zu schaffen.

Ein bisschen Respekt bekommt man da schon, wenn sie schnaubend und finster dreinblickend ihren massigen Körper dicht an den Knien vorbeischrammen.

Die Cheerleaders und Tambourmädchen in den unterschiedlichsten Kostümen und Uniformen, gaben den Takt vor und marschierten vor den Gruppen. Sie hatten allesamt Figuren, wie aus dem Modelkatalog. Sexy und hübsch waren sie alle.

Den iranischen Soldaten, die zur Ausbildung in San Antonio waren, und gegenüber vor dem Kaufhaus Woolworth artig auf ihren Stühlchen saßen, mussten die knapp bekleideten Mädchen wie die Träume aus dem Paradies vorkommen. Die verklärten Blicke und nervösen Beine gaben den Ausdruck ihrer Gedanken wider.

Sharon sagte mir, dass sie vielleicht in einer der Gruppen mitreiten würde. Ich sollte mal darauf achten, ob ich sie erkennen würde. Das ist wie bei einem Faschingsumzug in Köln, reine Glückssache, jemanden zu erkennen.

Ich habe das nach einer Weile aufgegeben und mich entschlossen, ganz entspannt dem allgemeinen Treiben meine Konzentration zu schenken. Trotz Schatten stand mir mehrmals der Schweiß auf der Stirn, und ich legte mein Taschentuch erst gar nicht mehr aus der Hand.

Sharon konnte ich weder sehen noch hören, aber der Zug war noch lang, wie mir ein Sitznachbar mitteilte. So etwa drei Stunden müssten wir noch aushalten.
Und das konnte ich nur, weil sexy gekleidete junge Damen ein ums andere mal vor uns stehen blieben, weil der Zug ins Stocken geriet. Fahnenschwenkerinnen im knappsten Dress, das man sich vorstellen konnte.
Aber bei der Hitze sicherlich willkommen. Und einen Stetson hatten sie alle.

Im nächsten Wagen saß der Mayor von San Antonio, die Bürgermeisterin Leila Cockrell, umjubelt vom schwitzenden Volk.
Dahinter kamen geschmückte Reiter mit ihren Quarterhorses. Und da glaubte ich, Sharon als eine der Reiterinnen erkannt zu haben. Ich blickte fasziniert hin, aber sie reagierte nicht. Ich glaube, sie hatte es ungleich schwieriger, aus ihrer Warte etwas zu erkennen, denn sie wusste ja nicht, wo ich mich aufhielt.

Die Pferde stoppten und eines der schönen Tiere stand direkt vor mir. Fasziniert von den tanzenden Cheerleaders, den Pferden und der Marschmusik, bemerkte ich nicht, dass auch ein Pferd mal Bedürfnisse hat. Und wenn ein Pferd Bedürfnisse hat, ist es ihm egal, wo es läuft oder gerade steht. Und wer daneben steht oder sitzt, ist dem Pferd in diesem Fall natürlich auch ziemlich egal.
Wenn ein Pferd auf Asphalt pinkelt, spritzt es gewaltig. Meinen Hut, der auf den Knien lag, weil ich die Stirn gerade abtupfte, konnte ich noch in Sicherheit bringen. Meine Füße und die Beine allerdings nicht schnell genug hochheben. Man gibt auch auf, wenn es nichts mehr bringt.

Mein Sitznachbar nahm es gelassen und zuckte nur mit den Schultern. Er konnte sich seitlich wegdrehen.
Meine Suche nach Sharon hatte damit endgültig ein Ende gefunden.

Die letzten Wagen und Gruppen schenkte ich mir. Ich wollte nur noch nach Hause, meine Beine säubern und die Hose zur Wäscherei bringen. Wenigstens hatte ich nicht, wie so viele andere, einen Sonnenbrand davongetragen. Aber hätte mein Nachbar mich nicht mit Getränken versorgt, wäre ich verdurstet. Sein Mitleid mit mir begann schon ganz am Anfang, aber ich hatte es nicht bemerkt.

„Wollen sie hier länger bleiben?", fragte er mich, als ich mich neben ihn setzte. Dass ich nur meinen Stetson dabei hatte, war ihm sofort aufgefallen.
Ich dachte erst, er würde für einen anderen auf meinen Sitzplatz spekulieren. Dabei hatte er eigentlich nur an meinen trockenen Hals gedacht, der mich bald quälen würde.
Nie wieder werde ich zu einer Veranstaltung gehen, wo die Sonne vom Himmel brennt und man über drei Stunden der Hitze ausgesetzt ist, ohne eine Kühlbox mit Getränken mitzunehmen.

Abends kam dann Sharon mit einem breiten Grinsen zu mir und meinte trocken: „Ausgerechnet vor dir musste der Gaul seine Blase leeren, du hast mir so leid getan!"
Sharon hatte es gesehen, denn sie war mit der ganzen Familie auf der anderen Straßenseite, was ich aber nicht erkannte. Und als ich etwas früher ging, konnte sie mir nicht folgen.

Eine der Unternehmungen mit Sharon und ihrer Familie hatte einen bestimmten Grund. Ich machte ihr einmal ein Geschenk, eine große Eieruhr.

Sharon vergaß beim Kochen der Frühstückseier oft, auf die Uhr zu sehen. Und da gab es von mir die Eieruhr, gefüllt mit rot gefärbtem Sand. Ab da waren die Eier immer nach dem Wunsch der Kinder und des Ehemannes geraten.

Bei einem Frühstück erklärte ich den Kindern, dass es Quarzsand sei, der sich in der Eieruhr befinde, und sagte ihnen, dass es feineren Sand nicht geben würde. Sharon wollte mir aber das Gegenteil beweisen und plante eine Fahrt zu den Dünen von Monahan.

Und da das mit einem Besuch des Nationalparks Big Bend verbunden werden konnte, hatten wir uns alle auf ein ganzes Wochenende geeinigt. Der große Buick Combi von Sharon fasste mühelos alle Familienmitglieder und mich.

MONAHAN UND BIG BEND
Feiner Sand und große Sterne

Die nächste Story ist Sharon und ihrer gesamten Familie gewidmet.
Sie erklärte mir einmal, dass sie einen Platz kennen würde, wo man die Sterne greifen könnte. Ich glaubte das nicht so recht.
Bis ich mich sogar instinktiv wegduckte, weil ich dachte, ein solcher Stern würde mir gegen den Kopf fliegen.

„Du hast so viel Gepäck dabei, musstest du Zuhause ausziehen?", fragte ich neugierig.

„Nein, aber morgen fahren wir doch zusammen nach Monahan und zum Big Bend. Und wir haben schon ein paar Dinge im Auto verstaut. Hast du vergessen, dass wir das ausgemacht haben?

Wir möchten dir doch zeigen, wo es einen so feinen Sand gibt, oder sogar noch feiner, als der in der Eieruhr. Und die Stelle, wo wir ganz nah an den Sternen dran sind, musst du auch kennen lernen!"

Ich packte also ein paar Sachen zusammen und fuhr zum Übernachten mit zu Sharon. Nebenbei erfuhr ich noch von Charles, dass er leider nicht mitfahren könne, weil er beruflich in Houston zu tun hätte.

So sollte ich einen Teil der Strecke fahren und gut auf Sharon und die Kinder aufpassen.

Ich versprach ihm, dass ich gut auf seine Familie aufpassen werde, und fragte noch: „Ist das weit zum Big Bend?"

„Nein, weit ist das nicht, aber da wir das ganze Wochenende dafür Zeit haben werden, ist es doch egal", meinte Sharon.

Das war typisch, alles was in vier Autostunden erreichbar ist, befindet sich gleich um die Ecke. Keine große Entfernung.

„Das sitzt man im Wagen mit Aircondition und Tempomat auf einer Arschbacke ab", sagte Charles.

Sogar für einen kurzen Stopp, um etwas zu essen, blieben wir im Auto und benutzten den „Drive through" des Fastfood-Restaurants.

Es lohnte sich nicht auszusteigen, bei so kurzen Strecken.

Manchmal hatte ich den Eindruck, dass sich auch das Verdauungssystem angepasst hat.

Im Auto gab es diverse Ablagen, damit auch alles gut und in Ruhe gegessen werden konnte, ohne dass es irgendwo herumflog, wie in deutschen Autos üblich.

Der erste richtige Stopp war auch gleich der Wichtigste, denn ich konnte nicht mehr meinen Drang zurückhalten.

In den weißen und feinen Sand der Dünen von Monahan wollte ich ein großes Loch pinkeln.

Ich dachte, dass ich genauso viel wie das Pferd ..., aber das war nur so ein Gefühl.

Das mit dem großen Loch konnte ich auch vergessen, denn der Sand verschluckte einfach alles. Man konnte sogar dabei zusehen, wie es in Sekunden abtrocknete.

Danach, ohne den übermächtigen Drang, konnte ich die wundervolle Schönheit der kleinen Sahara genießen. Die Wanderdünen nahmen sich nach und nach das, was sie kriegen konnten. Der kleine noch sichtbare Rest einer Rangerhütte zeugte davon, dass die Düne alles auf ihrer Wanderung verschlingt und unter sich begräbt.

Es muss an anderer Stelle neu gebaut werden. Der leichte Wind wehte feinste Sandwölkchen an uns vorbei und in mein Gesicht. Hier musste der Sand für die Eieruhren herkommen. Ich war beeindruckt.

„Nix Quarzsand", sagte Sharons Sohn Darell und blickte mich triumphierend an.

Viele Leute liefen mit ihren Kindern durch die Dünen, von denen kein Ende zu erkennen war.

Ich dachte an meinen trockenen Hals vom Vortag, bekam Atemnot und den unüberwindbaren Wunsch, sofort wieder weiter zu fahren.

„Was ist, wenn Leute sich mit ihren Kindern verlaufen? Und vielleicht verdursten!"

„Die Ranger des Parks wissen genau, wo die Leute sich befinden.

Da passiert nichts", sagte Sharon ganz erstaunt darüber, dass man überhaupt so eine Befürchtung haben konnte.

Auf der Fahrt zum Nationalpark Big Bend war es noch eine lange und gemeine Strecke.

Manchmal zwölf Meilen nur geradeaus mit Bodenwellen. Wartende Geier am Straßenrand. Wissen die mehr als ich? Ahnen die etwas?

Yuccapalmenwälder, Kakteen in allen Größen und Roadrunner, die am Straßenrand mit uns um die Wette liefen. Das war alles sehr beeindruckend.

Ein überfahrenes Gürteltier, den „Texas Turkey", hatten die Geier schon gefunden. Manchmal huschten Schlangen über die Straße, die mal grün, dann wieder rosa und auch schwarz oder bunt aussahen.

Ich hatte die ganze lange Strecke nicht ein einziges Mal das Gefühl, pinkeln zu müssen. Oder außerhalb des Wagens die Beine zu vertreten.

Der Kopf steuert durch Wahrnehmungen die Bedürfnisse des Körpers.

Meine Dankbarkeit konnte ich nur mit fröhlicher Gelassenheit äußern.

Wir kamen gegen Abend, es waren dann doch fast acht Stunden Fahrt, die Pinkelpause in Monahan mit eingerechnet, am einzigen Motel in der Wildnis an. Mitten in den Chisos Mountains.

Oben auf dem Berg, in einer Höhe von ca. 1600 Metern, wartete die Chisos Mountain Lodge auf uns. Die Aussicht rundherum war grandios und entschädigte für die vielen „Qualen", die man bis hier erdulden musste. Sonnenuntergang und damit verbunden, angenehme Temperaturen, sorgten für die ersehnte Entspannung.

Die Terrasse des Motels lud zu einem Essen in eigentümlicher Atmosphäre ein. Allerdings war ich der einzige Gast, der sich mehrfach umblickte, ob auch ja kein unangenehmes Lebewesen irgendwo auftauchte.

Ich malte mir aus, wie sich Schlangen in allen Farben langsam um meine Füße winden und nur darauf warteten, dass ich mich bewegen würde, um herzhaft zuzubeißen.

Sharon sagte zwar, dass es hier oben keine bösen Tiere geben würde, aber Vorsicht ist die Mutter der Porzellankiste. Sie behielt aber Recht, es raschelte nicht mal um uns herum.

Ich gewöhnte mich an den gefahrlosen Zustand und begann die aufkommende Nacht zu genießen.

Wir ruhten uns nach dem Essen von der langen Fahrt etwas aus. Ich war sogar fest eingeschlafen.

Als Sharon in mein Zimmer kam und mich am Arm rüttelte, war es draußen schon stockdunkel.

„Jetzt müssen wir aber raus, mein Lieber. Ich will dir doch zeigen und beweisen, wie nah wir an den Sternen sind!"

Es war, trotz Dunkelheit, noch immer etwa 26°C und somit nicht notwendig, sich großartig einzukleiden.

Unterhalb der Freiterrasse standen Bänke und kleine Tische. Wir nahmen uns jeder einen Eistee mit und setzten uns auf eine Bank.

„Keine Klapperschlange auf der Bank?"

„Nein, auch unter der Bank nicht!"

Sharon war sich da so sicher, dass ich meine Ängste ablegte. Die Kinder lagen derweil abgeschafft in ihren Betten und schliefen den Schlaf der Gerechten. In den Bäumen lugten kleine Lichter durch die Äste und das Laub hindurch, was wie Weihnachtsbeleuchtung aussah. Etwas gewöhnungsbedürftig mitten im Sommer, aber in Amerika ist alles möglich, dachte ich.

Das Licht reichte gerade aus, um das große Glas mit Eistee auf dem Tisch zu erkennen.

„Sieh mal ganz genau hin, dort oben", sagte Sharon.

Ich befolgte ihren Wunsch und war von den Socken. Die kleinen vermeintlichen Weihnachtslichter waren die Sterne am Himmel. Dicht an dicht, in einer Menge, die man sich nicht vorstellen kann. An manchen Stellen war der Himmel weiß vor lauter Sternen.

Die Milchstrasse sah aus, wie wenn etwas großflächig ausgelaufen wäre. Daher wohl auch der Name.

Sharon nannte und zeigte mir einige Sternbilder, die ich an unserem Himmel über Deutschland noch nie gesehen hatte. Das Gefühl, die Sterne greifen zu können, hatte ich nicht allein.

Andere Leute reckten die Hände nach oben, wohl wissend, dass es nicht möglich ist, etwas zu greifen, aber - das Gefühl eben. Das Schauspiel erlebten wir also nicht allein. Aus verschiedenen Richtungen zischten kleine Lichtpunkte über den Himmel, andere zogen langsamer dahin.

Das waren Satelliten und Teile von solchen, die wer weiß wie lange noch ihre Bahnen ziehen.

Verzückt schaute ich nach oben, und dachte daran, wie groß dieses Weltall sein musste, wenn niemals eines dieser Teile mit einem anderen kollidiert. Und das bei der Dichte, wie sie sich uns darstellte.

Überwältigt von diesem Naturschauspiel, fassten Sharon und ich uns an den Händen und richteten die Augen wortlos gen Himmel.

Sharon hatte unbedingt Recht damit, dass man ganz nah an den Sternen dran ist. Ganz klein und auf dem Boden der Tatsachen zurück, beschränkt man sich auf das Wesentliche.

Da verblasst die Wut auf jemanden, der einen ärgern wollte.

Die verdreckte und vom Pferd verpinkelte Hose, die ich sofort in die Waschmaschine warf, wird unwichtig. Die Gelassenheit befällt den Menschen, angesichts solcher Naturgewalten und Schönheiten des Universums.

Vielleicht macht das die Leichtigkeit der Menschen in diesem Land aus, dass sie ihr persönliches Leben und die kleinen Unwägbarkeiten bewältigen. Dass sie allem Negativen stets noch etwas Positives abringen. Ich bewegte mich langsam in die gleiche Richtung, da ich merkte, es tut meiner Seele gut.

Ich war tatsächlich den Sternen noch nie so nah. Instinktiv hatte ich sogar den Kopf eingezogen, als ein ganz schneller Himmelskörper von Osten nach Westen über unsere Köpfe hinwegsauste.

Der folgende Tag sollte eine besondere Überraschung bereithalten. Auf einer geführten Wanderung wollte Sharon sich mit mir den *Lost Mine Trail* antun. Und als Höhepunkt den *Santa Elena Canyon*. Da war ich gespannt, ob es genauso weit nach unten geht, wie abends hinauf zu den Sternen.

Die Kinder ließen wir in der Lodge, in der es ein tolles Kinderprogramm gab.

Ich bestätigte Sharon noch einmal, dass ich fast die Sterne greifen konnte. Sie nahm es stolz zur Kenntnis.

Auch beim Besuch des Canyons und dem *Lost Mine Trail*, konnte ich von der überwältigenden Schönheit nicht genug einsaugen.

Der gegenseitige Austausch unserer Erlebnisse, denn die Kinder hatten ebenfalls viel zu erzählen, beschäftigte uns auf der gesamten Heimfahrt.

Karen und Cheryl erzählten, dass sie nachts ein großes Tier neben ihrem Fenster des Motels hörten. Ganz groß und gefährlich wäre es gewesen.

Auf der Fahrt machten wir uns einen Spaß daraus, verschiedene Tierlaute nachzuahmen, um herauszufinden, welches es hätte sein können.

Da ich oft bei den Großeltern auf dem Bauernhof zubrachte, konnte ich besonders gut Kühe nachahmen. Aber auch Enten, Hühner, Gänse, Schweine, Esel und Pferde. Die Palette von Tieren machte den Kindern große Freude und wir mussten viel lachen.

Darrel sagte immer wieder: „Eberhard, bitte noch mal die Kuh!"

„Wenn das so weiter geht, wird er bald auch Milch geben", meinte Sharon.

Die Heimfahrt war so richtig nach dem Geschmack der Kinder. Allerdings war ich etwas heiser und hatte zwei Tage Halsschmerzen.

***

Ein weiteres Highlight bahnte sich an, denn ein Tennisturnier der besonderen Art war in meinem Club angesagt. Die Anlage im Park von Mc Farlin's präsentierte Spitzenspielerinnen aus aller Welt.

Die Tenniselite der Damen traf sich zum Lions Cup in San Antonio. Das lokale Fernsehen baute die Tribünen für sich und die Zuschauer auf. Als Mitglied im Verein hatte ich eine Zutrittserlaubnis erhalten, die ich um den Hals hängen sollte.
Ich war gespannt, wen ich alles erwarten durfte.
Für mich als Spieler interessant und spannend.
Und das sollte es auch noch aus einem anderen Grunde werden.
Bei so manchen Unternehmungen begleiteten mich Carola und John Aultman. Als Offizier in Berlin, lernte er seine Carola kennen und lieben.
Ihre zwei Söhne waren zwar noch nie in Deutschland, aber den Berliner Dialekt konnten sie besser als ich.

LIONS CUP at Mc FARLIN'S
Ein Mann bei den Frauen?

John und Carola waren und sind es noch - ganz tolle Freunde, denen ich gern die nächste Story widme. John verließ den Checkpoint Charlie, und Carola folgte ihm nach Texas, um ihn fortan dort zu bekochen, denn auf ihre Kochkünste wollte er nie mehr verzichten.
Und von diesen Kochkünsten profitierte ich an manchen Tagen auch.

*E*in super Wochenende kündigte sich an, jedenfalls für die Tennisfans. Aus deutscher Sicht war das nicht so doll. Da fühlt man sich als Fan ein bisschen als Außenseiter.
Veranstalter war der Club, in dem ich auch meinen Schläger schwang. Mc Farlin's Tennis-Center San Antonio durfte den Lions Cup der Tennisdamen ausrichten.
Einige Damen aus der damaligen Weltelite waren am Start. Billie Jean King und Anne Baxter, waren zwei von ihnen, und die absoluten Stars. Die anderen waren mir nicht so geläufig.
Aber da war noch jemand mit von der Partie, eine ganz besondere Spielerin: Renée Richards! Geboren als Mann, nun aber, durch die Künste von Ärzten, als Frau unterwegs. Eine Sensation. Sie/er durfte bei den Damen mitspielen.

Endlose Diskussionen bei den Zuschauern, ob sie/er nun in die Umkleide der Damen darf oder nicht.

Unter den Zuschauern war man sich über die Anrede nicht einig. Da gab es die unterschiedlichsten Meinungen. Einige sagten einfach ER zu ihr, mit dem Zusatz: „Von der Frisur her könnte ER eine SIE sein".

Andere sagten sofort SIE zu ihm, denn solche Beine kann ein Mann nicht haben. Andere wieder entschieden sich für ES, eine eigenartige Bezeichnung, war es doch offensichtlich, dass das nun überhaupt nicht sein konnte.

Ein kleiner Junge sagte am Eisstand: „Dad, hättest du da nicht auch mitmachen können? Der Rock von Mum passt dir doch bestimmt!"

Der Kleine hatte von den Dingen keine Ahnung und schnappte nur hier und da etwas auf, das meist hieß: „Was will ein Mann beim Damentennis?"

Das mit der Damenumkleidekabine wurde salomonisch geregelt. Renée Richards konnte sich in einer Einzelkabine umkleiden und duschen. Die war gewöhnlich für das Personal vorgesehen.

Aber an der Bar im Clubhaus trafen sich alle gleichzeitig. Und das Besondere war, dass auch die Clubmitglieder an die Bar durften. Der gewöhnliche Zuschauer allerdings nicht. Für die gab es ein großes Zelt auf dem Gelände. Dicht hinter den Tribünen aufgebaut.

Ich hatte mir für das Wochenende überhaupt nichts vorgenommen und genoss die Nähe der Stars. An der Bar war natürlich ganz schön was los. Die Aufmerksamkeit aller gebührte Renée Richards.

Nach dem ersten Turniertag unterhielten sich alle zwanglos an der Bar und vorm kalten Buffet, das der Club aufgebaut hatte. Hinter mir diskutierte Billie Jean King mit einem Pressemann über ihr vorher gewonnenes Einzel.

Etwas weiter links bekam Anne Baxter ein Glas Tee gereicht und war nicht ganz so fröhlich, hatte sie doch ein frustrierendes Einzel hinter sich. Den Kampf gegen ihre Gegnerin hatte sie verloren, aber den Kampf mit ihrer blonden Haarpracht an der Bar, den gewann sie ausgesprochen sexy.

Ich dafür kämpfte mich langsam vor zu R. Richards, meinem heimlichen Star des Turniers, den ich unbedingt aus der Nähe sehen wollte. Ich musste unbedingt den Menschen kennen lernen, der nicht im Körper eines anderen leben wollte.

Ich muss gestehen, in direkte Nähe zu R.R. zu geraten, lohnte sich. Die übrigen Damen schnitten R.R. gewaltig, denn es war ihnen nicht ganz geheuer.

B.J. King sagte zwar ganz offiziell, dass R.R. zu den Damen gehöre, aber sie trauten sich alle nicht so recht, es als Tatsache anzuerkennen. Ohne wenn und aber.

Keine der Damen wagte zu behaupten, dass R.R. sicherlich nicht mehr über den kleinen Unterschied verfügen würde. Und unter der Dusche hatte sie/ihn noch niemand gesehen. Man wusste es eben nicht genau, besser gesagt, gar nicht.

R.R. war eine imposante und gepflegte Erscheinung, hatte überdies eine makellose Figur. Das Dekolleté von R. Richards, im Vergleich zu B.J. King, war eine Wucht.
Richards genoss die Blicke der Männer sichtlich und die anderen Damen sahen es mit Neid und Sorge. Einzig störend bei Richards war die dunkle Stimme. Aber Richards war sich sicher, dass sich das im Laufe der Behandlungen noch ändern würde. Ansonsten fühle sie als Frau, so sah sie allerdings auch aus.
Die Natur hat da mit Hilfe von Ärzten und Chirurgen eine Augenweide produziert. Vielleicht war es das, was die anderen Damen störte. Sehr weiblich, fröhlich und mit vornehmer Eleganz überstand R.R. den Abend.

Ich bekam, neben einem netten Gespräch, mein gewünschtes Autogramm und war um eine Erfahrung reicher. Die bewundernde und akzeptierende Männerwelt war die positive, die zurückhaltende und versteckt abweisende Damenwelt die negative Seite der Medaille.

Leider war der Auftritt von R.R. nicht von Dauer, da sie nach ihrem verlorenen Einzel gleich wieder abreiste.

Auf das Endspiel am nächsten Tag hatte ich mich gefreut und B.J. King versprach, mir die Bälle vom Endspiel zu schenken.

B.J. King gestattete mir auch, während des Spiels ganz nahe an sie heranzukommen, um schöne Fotos zu machen. Die machte ich dann auch, und erhielt nach dem Spiel die versprochenen Bälle.

***

Meine Fahrten mit dem Bus in die Stadtmitte waren immer interessant, und ab und zu gab es auch Neuigkeiten, die nicht nur mich interessierten.

Im Büro fragten sie mich oft, was es wieder Neues zu sehen oder zu hören gab.

Viel Spaß gab es wegen folgender Situation: Ein Fahrgast, er war Portugiese, stellte im Bus die Frage: Wie das heißt, wo die Fußgänger drauf laufen. Das Wort für Bürgersteig fiel mir in Englisch nicht ein und ich konnte die Frage nicht beantworten. Das ärgerte mich natürlich. Ich formulierte es dann im Büro wie folgt: „What's the name of the side, where the pedestrians walk?"

„Pedestrian walk or sidewalk?", fragte Joel. Die anderen hielten sich raus.

„Das ist es doch, was ich wissen möchte", erklärte ich. Völlig ungerührt und ernst, antwortete Joel immer wieder das Gleiche. „Pedestrian walk!"
Es ging noch einige Male hin und her, wobei die Kollegen sich mit dem Rücken zu mir stellten, was ich nicht verstand.
Dass sie lachen mussten, weil Joel sich mit mir einen Scherz erlaubte, ahnte ich nicht. Bis ich endlich begriff, dass die Antwort bereits in der Frage enthalten war. Das waren die Momente, die im Büro zu Lachsalven führten.

Eine weitere führte dazu, weil man mir erzählte, ich solle am nächsten Tag viel Grün anziehen. Das Büro hätte eine Präsentation für ein Umweltprojekt, an dem wir alle teilnehmen und etwas einheitlich aussehen sollten.

„TEX-MEX COCKTAIL"
Küsse, Mariachis und große Trauer

Die folgende Story widme ich Ursula und Manfred Heymann. Ursula, eine hervorragende Köchin im eigenen Restaurant und Manfred, Tenor im Beethoven Männerchor, zwei Plätze neben mir.

Als Vertreter einer großen deutschen Schuhfirma, war er natürlich der Ansprechpartner für gutes Aussehen an den Füßen.

Nach Büroschluss trafen wir uns oft zu Gesprächen im Park des Alamo, im Schatten der großen Bäume. Danke für die schöne Zeit.

Was ich nicht wusste war, dass es, neben der großen Gruppe Deutschstämmiger in San Antonio, noch eine weitere große Gruppe mit europäischen Wurzeln gab.

Als ich mich eines Morgens für das Büro fertig machte, hätte ich fast vergessen, dass wir für den Tag im Büro etwas in grün anziehen sollten. Eine Präsentation, bei der alle etwas uniform aussehen sollten, wenigstens farblich. Ich griff mir eine grüne Jeans und ein passendes Hemd dazu.

Meine Befürchtung war, nachdem ich in den Spiegel sah, dass man mich Frosch taufen würde. Eigentlich müsste ich es inzwischen besser wissen.

Niemand würde mich in Texas etwas fragen oder gar hinter meinem Rücken tuscheln, weil ich anders aussah als andere.

Nach ca. 20 Minuten erreichte mein Bus die Station Downtown, an der ich jeden Tag ausstieg. Ich war noch gar nicht richtig dem Bus entstiegen, bekam ich von einer hübschen Brünetten einen Kuss.

Ich war äußerst erstaunt, dann gab sie mir einen Button, den ich mir ans Hemd heften sollte.

Die Aufschrift: „Kiss me, I´m Irish!"

Es war St. Patricks Day. Und genau an diesem Tage habe ich mich, ohne es zu wissen, als Ire geoutet, indem ich grün trug. Meine Kollegen im Büro erwarteten mich bereits mit einem breiten Grinsen. So viele Küsse habe ich auf meinem Weg ins Büro noch nie bekommen.

Es belebt den Beginn eines Arbeitstages enorm. Ein fürwahr berauschender Brauch. Und dass es so viele Menschen irischer Abstammung geben könnte, hatte ich nicht gedacht!

Und die, die keine waren, nutzten die Gunst der Stunde. Ich sah nie wieder so viele Iren, wie an diesem 17. März. An diesem Donnerstag fühlte sich aber jeder gern als Ire.

Die richtige Kleidung zur richtigen Zeit, bringt mitunter sehr viel Freude. Da trat sogar die dramatische Geiselnahme der Islamisten, eine Woche vorher in Washington, in den Hintergrund.

Mit dem Büro gab es natürlich auch keine Präsentation. Dafür eine Menge Spaß, den wir bei einigen Pitchern Bier am River erweiterten. Das gesamte Büro saß bei herrlichem Wetter – wann war es das mal nicht – draußen beim Kangoroo Court.

Zum Oktoberfest waren dann die Deutschen wieder an der Reihe, ihr Fest zu feiern.
Auch mit denen, die heute alle Iren waren.
Aber auch die anderen – die Italiener, Franzosen, Polen - hatten ihren Tag, um für sich zu werben.
Und wie sollte es besser gehen, als mit allen zusammen zu feiern? Es gab keine bessere Möglichkeit, sich kennen zu lernen!

Nachmittags war überall Musik und gute Laune angesagt. Die Iren haben es raus, fröhlich zu feiern. Das dunkle Guinness floss in Strömen.
Am River Walk pulsierte das Leben in den grünsten Tönen und „Dirty Nelly", mein Lieblingspub, war permanent überfüllt.
An drei Stellen standen große Tonnen mit frischen ungeschälten Erdnüssen.
Meistens lief man, zwei Stunden nach Öffnung des Pubs, bereits auf einem dicken Teppich aus Erdnussschalen. Es gehörte einfach dazu, sie an Ort und Stelle, wo man sie gerade knackte, fallen zu lassen.
Anschleichen an ein hübsches Mädchen war ganz unmöglich.

Die irischen Volkslieder, von allen mit Inbrunst gesungen und vom Klavier begleitet, bekamen durch die am Boden liegenden Nussschalen ein weiteres Instrument als Begleitung. Die unter den Schuhen knackenden Schalen klangen wie eine Rassel oder der Besen auf einem Schlagzeug. Fröhlich feiern und singen, eine angenehme Verbindung.

Eines Abends kam Sharon mit einem kleinen Problem zu mir. Sie hatte am San Antonio College einen Kurs in Deutsch belegt, und war nach dem Kurs auf dem Heimweg. Ihr kleines Problem war sogar für einen Deutschen nicht einfach zu lösen.

Warum enden Substantive, wenn sie etwas Verkleinertes bezeichnen oder verniedlichen, immer mit dem Anhängsel „chen"? So wie Tür – Türchen oder Kuss – Küsschen?

Da habe ich sie erst einmal unterbrochen und ihr erklärt, dass es das Letztere nicht in klein gibt.

Ihr Banknachbar war Donald Haldemann, der Goldmedaillengewinner im Tontaubenschießen von Montreal. Er fragte den Lehrer, worin der Unterschied zwischen einem Schuss und einem Schüsschen besteht! Er wollte wissen, wie er einen kleinen Schuss machen könne, bei ihm seien sie alle gleich.

Ich konnte Sharon nur sagen, sie sollte es nehmen wie es ist. Und damit war die Sache erst mal aus der Welt.

Aber allein die Tatsache, dass es Konfusionen gab bei Kettchen und Kätzchen, was sich für Amerikaner in der Sprache fast gleich anhört, brachte die Klasse durcheinander und animierte dazu, weitere Beispiele zu finden. Sharon glänzte mit weiteren wie: Blättchen und Bettchen, Füßchen und Flüsschen ......

Sie meinte noch, dass es im Unterricht umwerfend lustig war und dabei viel gelacht wurde.

Umwerfend waren auch die Temperaturen. Meist bis nach Mitternacht noch 27°C, ohne Kühlung nicht auszuhalten. Schlafen war fast unmöglich, es sei denn, unter laufender Dusche, auf einem Hocker sitzend.

Wir saßen noch eine Weile draußen vor meinem Appartement, genossen einen kühlen Wein, und planten, im August einen Ausflug in den Brackinridge Park und den Zoo zu unternehmen.

Ganz in der Nähe befand sich der Sunken Garden, den ich samstags sehr oft besuchte, denn da spielte immer eine Mariachi Band. Bei ihnen hat man stets den Eindruck, sie machen nur für sich selbst Musik, mit unglaublicher Hingabe und Gefühl.

Die Tracht mit den vielen blankgeputzten Knöpfen und Schnallen, Ringen und Ketten, tragen sie mit sehr viel Stolz. Schön sind auch die reichverzierten Gitarren.

Alles zusammen zeugt von ungeheurem Stolz, aber auch unbändigem Willen, geprägt von außerordentlich zärtlicher Hingabe und kindlichem Charme.

So oft es ging, habe ich die Mariachis beobachtet und ihnen zugehört.

Aber aus dem Ausflug ist dann nichts geworden. Es war Dienstag, der 16. August. Eigentlich nichts besonderes, aber an dem Tag ist Elvis gestorben und hat einen kollektiven Schock ausgelöst.

Es gab niemanden, der nicht ehrlich betroffen war, mich eingeschlossen. Die Menschen haben geweint. Viele kannten und erlebten ihn noch, als er unter dem Namen „Hillbilly Cat" durch die USA tourte. Den Ausflug haben wir auf ein anderes Wochenende verschoben.

Es gab noch viele Wochenenden und auch ganz gewöhnliche Tage mit ungewöhnlichen Menschen und Erlebnissen. Es wäre unfair, einige zu erwähnen und andere nicht.

Aus meinen drei bis vier Monaten sind elf geworden, die zu den glücklichsten meines Lebens zählen.

Sie haben mir etwas gegeben, was ich mir nirgends kaufen kann. Die Erlebnisse haben mich geformt, mir Türen geöffnet und ermöglicht, mich mit Freunden zu freuen, aber auch zu trauern.

Das Wichtigste jedoch war, gelernt zu haben, einander zu verstehen und zu akzeptieren.

Ich hatte ganz einfach den Schlüssel zu ihnen gefunden, wie sie zu mir.

Wir hatten unabhängig voneinander gelernt, ehrlich miteinander zu kommunizieren und Toleranz zu üben, frei von negativen Einflüssen. Wir schafften es, eine gemeinsame Identität zu finden. Ich hatte mich unter den vielen Menschen, denen ich begegnete, nicht nur wohl gefühlt. Sondern ich fühlte auch bisher in meinem Leben nie so viel Freiheit, wie in der Zeit, die ich unter Freunden in San Antonio verbrachte.

Vielleicht hat nicht jeder hat die Möglichkeit dazu, aber einige schon. Und die sollten sie nutzen, ohne Wenn und Aber. Im Interesse aller!

SAN ANTONIO – NEW YORK, IM GREYHOUND
Ein Abschied mit Wehmut

Mit der letzten Geschichte, eines perfekten Jahres bei den „Rednecks", möchte ich mich bei allen Texanern bedanken, denen ich im Laufe des Jahres begegnete.

Auch Mexikaner waren dabei, Puertoricaner, Japaner, Iren, Polen und stolze Indianer - ach einfach alle, die in San Antonio lebten, und die mich als „Herman the German" ertragen haben!

Drei riesige Pakete hatte ich bereits zur Post gebracht, weil mein Gepäck sich innerhalb eines Jahres vervierfachte. Ich kam am Anfang mit zwei Koffern und einer Umhängetasche, die man gut transportieren konnte.

Und nun musste ich drei große Pakete per Schiff nach Deutschland schicken. Das war noch finanzierbar, außerdem nicht so beschwerlich.

Mein Gepäck für den Heimflug reduzierte ich auf das Nötigste, und so hatte ich nur einen Koffer und die Umhängetasche. Meinen Stetson setzte ich auf den Kopf, was ganz normal war. Als Texaner geht man so.

Die geringe Menge an Gepäck war notwendig, da ich die Strecke von San Antonio bis nach New York mit dem Greyhound fahren wollte.

Und das dauerte drei Tage und zwei Nächte.

Erstens wollte ich noch nicht so schnell aus dem Land verschwinden, zweitens etwas von der Landschaft sehen.

Leider fuhr der Bus in der Nacht durch Gegenden, die ich auch gern bei Tage gesehen hätte.

Die Verabschiedung in San Antonio war besonders schwer. Da waren die Tennisclubfreunde, die gesamte Mannschaft im Büro von L.K. Travis, natürlich Sharon mit Familie und Isabelle. Letztlich meine Nachbarn, die mich regelmäßig besuchten.

Vornehmlich dann, wenn ich mich anschickte, Bratkartoffeln zu braten, Linsensuppe zu kochen, oder überhaupt etwas Schmackhaftes auf den Tisch zu bringen .

Die wohl traurigste Verabschiedung war aber die von Sharon und ihrer Familie. Wir waren uns in dem Jahr sehr nahe gekommen und es entwickelte sich eine große Freundschaft.

Es wäre gelogen, zu behaupten, dass ich ohne Magenschmerzen den Heimweg angetreten hätte. Sharon überreichte mir zum Abschied ein Jeanshemd, das sie mit allerlei Dingen, die typisch für Texas waren, sehr farbig bestickt hatte. Der Alamo auf dem Rücken war das größte der Motive.

Eine irre Arbeit, die sehr viel Zeit gekostet hatte. Die Zeit bis zur Abfahrt des Greyhounds war von Schweigen bestimmt.

Wir hatten beide einen dicken Kloß im Hals und als ich einstieg und sie ansah, musste ich gleich wieder wegsehen. Vielleicht hatte sie die gleichen Gedanken, denn sie drehte sich um und lief davon.

Ich konnte ihr nur noch nachrufen: „Grüße Charles und die Kinder und ..., vielen Dank für alles!"

Ich war froh, als der Bus die Stadtgrenze passierte und mit Tempo das nächste Ziel ansteuerte – Memphis.

Die zwei Stunden Aufenthalt wollte ich dort nutzen und mir ein bisschen die Stadt ansehen, wo Elvis gelebt hat und am 16.8. gestorben war. Für Graceland reichte die Zeit leider nicht.

Mein erster Gedanke galt allerdings dem hungrigen Magen, und die lange Fahrt machte das zum Thema. Ich überlegte, was ich mir gönnen könnte, denn Fastfood war nicht unbedingt mein Wunsch.

Vielmehr wollte ich langsam wieder an heimische Kost heran. Und da gab es auch in den USA immer mal wieder Restaurants, die ganz ausgezeichnete deutsche Küche anboten.

Als ich so umherwanderte, sah ich gegenüber auf der anderen Straßenseite das Restaurant, das ganz bestimmt etwas in der Richtung anbieten würde, das „Bavaria".

Warum es allerdings immer mit Bayern verbunden sein muss, wenn man ein deutsches Restaurant findet, blieb für mich immer ein Geheimnis. Eine Theorie hatte ich allerdings.

Ich denke, dass es auch ein bisschen damit zu tun hat, dass die Amerikaner den Süden Deutschlands nach dem Krieg besetzten. Und da das Urtümliche und Traditionelle schon immer die Amerikaner begeisterte, lag es nah, auch die Gemütlichkeit der bayerischen Restaurants in die USA zu exportieren.

Und wenn Deutsche Gruppen in den USA etwas auf die Beine stellten, waren es ebenfalls die Bayern, weil sie am ehesten die Traditionen pflegten. Aber etwas anderes können sie auch nicht, jedenfalls nicht authentisch genug. Man würde es ihnen nicht abnehmen.

Also stürzte ich ins „Bavaria". München hätte es nicht besser machen können.

Das ganze Ambiente im Lokal war Bayerisch. Die Bedienungen in ganz feschen Dirndln. Und was das besagte „Holz vor der Hütt'n" betraf, konnten die Amerikanerinnen sehr gut mit den Maderln in München mithalten.

Alles war typisch Bayerisch und auch Deutsch, bis auf – das obligate Glas Wasser, das ein Amerikaner auf den Tisch gestellt bekommt, bevor er selbst richtig Platz genommen hat.

Das Bier, ein Löwenbräu, war in Lizenz gebraut und nur mit 6% Alkohol versehen.

Aber es schmeckte – ich war aber auch mittlerweile der Vergleiche beraubt. Und besonders kalt war das Bier auch, alles wie gewohnt.

Und dann bestellte ich etwas, von dem ich wusste, dass es ein deutsches Gericht ist: Sauerbraten mit Knödel. Meine Freude, mich auch im kulinarischen Sinn allmählich wieder Deutschland zu nähern, war recht groß.

Das Essen hatte meine Erwartungen fast übertroffen und die freundliche Art der Bedienung war ganz besonders erfrischend. Elvira sprach sogar Deutsch, nachdem ich mich geoutet hatte. Sie erklärte mir freudig, dass sie für ein Jahr ein Praktikum in Sonthofen im Allgäu absolvierte.

„Was würde es denn für einen Eindruck machen, wenn ein deutsches Restaurant nicht mit Personal arbeiten würde, das auch Deutsch spricht", sagte die attraktive Elvira, die gekonnt ihren Job machte.

Sie war sogar in der Lage, deutsche Gerichte zu erklären, wenn Amerikaner nach Weißwurst, Leberkäse oder Semmelknödel fragten.

Meine Zeit, bis zur Weiterfahrt mit dem Greyhound, war viel zu früh abgelaufen.

Von Memphis hatte ich nichts weiter gesehen, als das „Bavaria" und die liebreizende Elvira.

Bei der Durchfahrt von Virginia wurde ich an das Allgäu erinnert, was mich gedanklich wieder ein Stück näher an die Heimat brachte.

Der Übergang von Amerika nach Deutschland verlor etwas von der plötzlichen Ruppigkeit, von einem Moment zum anderen in eine andere Kultur und eine andere Umgebung katapultiert zu werden.

Als wir mit dem Bus Washington erreichten, von der Charles Dickens 1840 behauptete, es sei die „Stadt der wundervollen Absichten", hatte ich nur die wundervolle Absicht und den Wunsch, mich mal wieder rasieren zu dürfen.
Nach zwei Tagen und zwei Nächten im Bus, waren mein Aussehen und mein Körpergeruch nämlich nicht besonders vorteilhaft. Bei der Passkontrolle müsste ich wahrscheinlich viel erklären, um mein Passbild zu rechtfertigen.

In New York angekommen, musste ich mich mit anderen Leuten in einem Hotel treffen, die auch mit der gleichen Chartermaschine nach Deutschland wollten. Wir erfuhren dann, dass der Flug über Brüssel gehen würde und mit dem Bus wieder nach Frankfurt, meinem Ausgangspunkt. Ich war ja auch von Brüssel gestartet, was ich fast schon vergessen hatte.
Rasieren konnte ich mich in dem Hotel auch, und eine Dusche nehmen, was mir sämtliche Lebensgeister zurück brachte. Ich war fröhlich und bereit, wieder freudig die Heimat zu begrüßen.

Aber meine Freude wurde jäh unterbrochen, denn ich wurde am Airport als Texaner beschimpft und man fragte mich, was ich als Redneck in New York zu suchen hätte.

Als solche bezeichnete man die Baumwollpflücker, die von der Sonne den Nacken gerötet bekamen. Dort, wo die Sonne zwischen dem Hemdenkragen und dem Schatten der Hutkrempe, die Haut erreichte.
Vielleicht war es aber auch nur ein Necken, und hatte etwas von der Hassliebe, wie zwischen den Fischköppen aus Norddeutschland und den Gamsbartträgern aus den südlichen Bergregionen.

Die absolute Krönung war aber, dass man mir meinen teuren und so geliebten Stetson klaute. Die Großstädte haben in aller Welt zwei Gesichter, und ich wollte eigentlich nicht darüber nachdenken müssen, ob ich überall nur dieses zweite Gesicht kennen lernen durfte.
Im Flugzeug war ich dann soweit, dass ich mir überlegte, ob die Rückreise nach Deutschland vielleicht doch nicht so erstrebenswert war.

Ich musste mich, bis zur Zwischenlandung in Montreal, mit einem Notsitz zufrieden geben. Mein Unbehagen steigerte sich noch, nachdem die hoffnungslos überfüllte Maschine es fast nicht schaffte, Flughöhe zu erreichen.

Mehrfach umrundeten wir das Empire State Building in einer gleich bleibenden Höhe. Wir flogen lange Zeit direkt über dem Hudson und ich erkannte mindestens zweimal die Verrazzano Bridge.

Es war bereits stockdunkel und die vielen Lichter erinnerten mich an die wunderbare Nacht mit den Sternen im Big Bend Nationalpark. In Gedanken war ich wieder in der Nähe von Sharon und ihrer Familie gelandet. Meine Landung in Europa war noch weitere sieben bis acht Stunden entfernt.

In Montreal schneite es. Ich bekam einen Fensterplatz. Erschöpft von den letzten Tagen, schlief ich alsbald ein und träumte von Dingen, die weitaus angenehmer waren als das, was mich in den letzten Stunden ereilte, und vielleicht in Europa eine Fortsetzung erfahren könnte.